伊藤塾

1分 マスター

行政書士

THE ITOJUKU GUIDE TO THE GYOSEISHOSHI EXAM
TERMINOLOGY AND PRECEDENTS

伊藤塾：著

重要用語・重要判例

JN039548

本書には、「赤色チェックシート」がついています。

はじめに

　本書は、行政書士試験の合格を目指す、すべての受験生のための本です。**必ず押さえておかなければならない、基本的かつ重要な用語・判例を分野別に整理し、記憶しやすいように工夫**しています。

　2009年の年末に初版を刊行して以降、多くの方々にご利用いただき、刷を重ねてきました。そして、刷が変わる度に新しい情報を入れてきましたが、今回、**2020年4月より大幅に変わった民法の債権法分野をはじめとする法改正に対応**させ、改訂2版としました。

　本番の試験においては、勉強用に使った自分のテキストや基本書・カード・条文などを持ち込むことはもちろんできません。

　ですから、問題を解くために必要な知識を試験の直前までにしっかり記憶しておく必要があります。そのために、まずは**試験に必要な知識が整理されている本書で、基本的かつ重要なテーマを記憶**してください。記憶すべきところを記憶していなければ点数に結びつきませんし、記憶しなくてもいいところを一生懸命記憶していても時間の無駄です。

　本書は、**特に学習の導入期と中期に使用すると役立つもの**ですが、試験の直前期においても記憶すべき事項をきちんと記憶できているかどうかを確認するのに役立つようになっています。

　直前期には、**付属の赤シートを利用して、自分がどれだけ記憶ができているかを確認**してみて、記憶できていないところは、もう一度理解し直して、そして記憶しましょう。

　一生懸命に頑張ってもなかなか思ったとおりの成果が出ないことがあります。そこであきらめて投げ出すか、なおも歯をくいしばって頑張るかが合格への分かれ道になります。

最後まであきらめないで頑張った方だけが、夢を実現できるのです。勉強をしていて、もうダメだと思ってからあと1問を解く、もう読めないと思ってからさらにあと1ページを読むなどしてください。そうすれば、**合格するために最も重要な"根っこの忍耐力"**を身につけることができます。

　根っこの忍耐力を身につけることができれば、試験の本番で残り時間が1分しかないという場面であっても、あきらめず、くらいついて1点をもぎとり、その1点で合格することがあります。伊藤塾で多くの受験生を見てきましたが、そうして合格できた方が数多くいました。

　最後になりましたが、本書が一人でも多くの方々の法律学習の一助となり、合格後に市民に最も身近な法律家として活躍されることを願ってやみません。

　さあ、本書を効果的に利用して、合格への第一歩を踏み出しましょう！

　なお、本書を出版するにあたり、伊藤塾・行政書士試験科の志水晋介講師、川崎貴志さんをはじめとする多くの伊藤塾・法教育研究所教務スタッフの他、企画・編集等に携わっていただいた伊藤塾の阿部真由美さん、刊行にご尽力いただいたKADOKAWAの編集部の方々をはじめ、すべての関係者に深謝いたします。

伊藤塾・行政書士試験科

> 　本書は原則として、2021年4月25日時点での情報を基に原稿執筆・編集を行っています。試験に関する最新情報は、試験実施機関のウェブサイト等にてご確認ください。

◆◆◆ 本書の特徴 ◆◆◆

◇本書はどんな本？

本書は、伊藤塾の行政書士試験対策講座で使われている教材を書籍化したもので、あらゆる行政書士試験受験生を対象にしています。

同時発売の『改訂2版 伊藤塾 1分マスター行政書士 重要条文編』（KADOKAWA）とあわせて学習したり、試験直前の実力診断や弱点のチェックなど、実践的な使い方ができます。

◇本書の効果的な活用法

① 何度も繰り返し見てみよう！

試験勉強の本質は、"理解"して、"繰り返し"（記憶）学習し、問題を"解ける"ようになることにあります。

本書は、"繰り返し"（記憶）学習するための教材です。行政書士試験は出題科目も多く、範囲も多岐にわたります。

したがって、すべての範囲を隅から隅までしっかり学習しようと思えば、使用するテキストの数も量も多くなってしまいます。量が多くなると繰り返し学習をすることが、なかなか困難になってきます。

そこで、本書は、基本的かつ重要なテーマを中心にし、また、繰り返し学習をしやすいように内容を絞って構成しています。

内容は絞っていますが、本質である重要な項目は所収してありますので、安心して学習してください。

１度や２度学習しただけでは記憶することは難しいかもしれません。何度も繰り返し学習することは、辛く苦しいことです。しかし、辛く苦しくなってきたら、むしろ喜んでください。

　なぜなら、それは"繰り返し"学習してきたことが自身の血肉となり、本当の意味でその知識を理解しつつあることを示しているからです。あともう少しです。

　最後まであきらめず、**繰り返し本書を利用**してください。

②　自分なりに加工してみよう！

　何度やっても同じところで間違えてしまうとか、なかなか理解や記憶ができない分野・テーマはないでしょうか？

　もしそのような箇所があれば、付箋などに自分なりに書き込みをして、本書の該当ページに貼ってください。

　自分なりに書き込みをしたりマーキングをしたりした、そんな自分だけの『改訂２版　伊藤塾　１分マスター行政書士　重要用語・重要判例編』を作り上げてみてください。

　それは、**試験本番直前にもきっと役立つオリジナル本**になります。

◇本書の構成

　本書は、行政書士試験で要求される憲法、行政法、民法、商法（会社法）の4つを取り上げ、以下のような項目数で構成されています。

憲法：46	行政法　　　：68
民法：71	商法（会社法）：15

　例年、行政書士試験において、300点満点のうち法令等科目は244点の配点となっています。

　そのうち行政法の配点は112点、民法は76点が配点されていて、実に、法令等科目中、46％と31％を占めていますので、どちらも最もしっかり点がとれるように学習する必要がある科目となっています。この配点はここ数年ほとんど変わりません。

　さらに、民法は、学習範囲が他の科目と比べて広く、条文数も1050条もあり（憲法は103条）、記憶すべき事項が一番多い科目です。

　このように**試験対策上、特に行政法と民法が重要**となるため本書では上記のような構成となっています。

　時間があまりない方は、行政法と民法を中心に学習されることをオススメします。

◆◆◆　本書の使い方　◆◆◆

　初めて本書を使う場合には、以下のポイントを理解してから解き始めると効果的です。

①　学習分野ごとに項目名を掲載しています

　項目別で並んでいますので、法律別の学習や苦手な分野だけを学習することもできます。

②　2回分の日付欄があります

　学習した日付を記入し、間違えた問題や理解が不十分な箇所がわかるようにチェック欄に印を入れましょう。

③　項目の重要度のレベルを高いほうから星の数（★★★～★）で表しています

　★★★……出題されやすく、特に重要な項目

　★★……重要な項目

　★　……時間がないときは後回しにしてもよい項目

　本書に掲載されているものはすべて重要ですが、試験直前期などは星の数を参考にして、確認すると効果的です。

④　学習項目で特に押さえておくべき事項を、「ポイント！」として掲載しています

　ポイント！の中の重要語句も赤シートで消えるようにしていますので、解答とあわせて記憶しましょう。

6	★ 人権総論 三菱樹脂事件 (最大判 昭48.12.12)	RANK ★★

①項目名

事 案

　原告は、大学在学中に学生運動に参加していたにもかかわらず、採用試験に際して提出した身上書にその事実を記載しなかったことを理由に、試用期間終了後本採用を拒否された。

争 点

① 憲法の人権規定は、私人間にも適用されるか。

② 私人相互間で自由・平等侵害があった際どのように保護していくことができるか。

結 論

① 直接適用はしない。

② 民法1条、90条や不法行為に関する諸規定を運用して保護していく。

ポイント

　憲法は、「国家」対「私人」の問題を解決するための法です。

　では、「私人」対「私人」の問題にも適用されるのでしょうか。

　この判例は結論として、私人間の問題に憲法を直接適用することはせず、間接的に適用することとした、と解されています。すなわち、私法の一般条項を解釈する際に憲法規定の趣旨を勘案している、と解釈されています。

④ポイント

CONTENTS

第1章　憲　法

第 **2** 章
行政法

第3章 民 法

第4章 商法（会社法）

本文 DTP　フォレスト

第 1 章

憲 法

1 ★ 憲法総論
法の支配

RANK ★★

	法の支配	法治国家
意義	人の支配を排斥し、あらゆる国家権力を法で拘束することによって、国民の権利・自由を保護することを目的とする原理	法律によって、国家権力の中でも特に行政権を制限することによって、国民の権利・自由を保護することを目的とする原理
採用した国	アメリカ・イギリス	ドイツ
民主主義との関係	権利・自由を制約する法律の内容を国民自身が決定することを建前とし、民主主義と結合	国家作用が行われる形式や手続を示すにすぎず、いかなる政治体制とも融合し得る形式的な観念
「法」の内容	内容が合理的でなければならないという実質的要件を含み、人権の観念とも固く結びつく	内容と関係のない形式的な法律にすぎず、内容の合理性は問題とされない

ポイント！

法の支配の意義に「あらゆる国家権力を法で拘束する」とあります。ここでいう「法」は「憲法」を意味すると考えてください。

日本国憲法は、法の支配を採用しています。

法の支配の内容は、①最高法規（第10章）、②個人の人権（第3章）、③適正手続（31条）、④裁判所の役割の尊重（76条3項、81条、76条2項）です。

第1章 憲法

2 ★ 憲法総論
主権の3つの意義

RANK ★★

国家権力そのもの （統治権）	国家が有する支配権を包括的に示す場合をいい、すなわち、立法権、行政権、司法権を総称する統治権とほぼ同義である 例：国権（41条）
国家権力の 最高独立性	国家権力が国内的には最高であり、対外的には独立であることを示す場合をいう 例：自国の主権を維持（前文3項）
国政の最高決定権	国の政治のあり方を最終的に決定する力、または権威を示す場合をいう 例：主権が国民に（前文1項） 　　主権の存する日本国民（1条）

ポイント！ ・・・・・・・・・・・・・・・・・・・・・・・・・・・・・・・・・・・・・

「国民主権」でいう「主権」は、上の「国政の最高決定権」のことを意味します。

3 ★ 人権総論
マクリーン事件

(最大判 昭53.10.4)

RANK ★★★

事　案

アメリカ人マクリーンが、在留期間1年としてわが国に入国し、1年後にその延長を求めて、在留期間更新の申請をした。これに対して法務大臣は、マクリーンが在留中に政治活動を行ったことを理由に、更新を拒否した。

争　点

外国人に保障される人権の範囲はどこまでか。

結　論

権利の性質上、日本国民のみをその対象としていると解されるものを除き保障される。

ポイント！ ・・・・・・・・・・・・・・・・・・・・・・・・・・・・・・・・・・・・

　最高裁は、「憲法第３章の諸規定による基本的人権の保障は、権利の性質上日本国民のみをその対象としていると解されるものを除き、わが国に在留する外国人に対しても等しく及ぶ」と述べています。

　そのうえで、「政治活動の自由についても、わが国の政治的意思決定又はその実施に影響を及ぼす活動等外国人の地位にかんがみこれを認めることが相当でないと解されるものを除き、その保障が及ぶ」と判示しています。

　以下の表で、外国人に「(1)保障される人権」と「(2)保障されない人権」を押さえておきましょう。

条　　　文	第３章　国民の権利及び義務
定　　　義	外国人とは、日本国籍を有しない者をいう（憲法10条・国籍法）
人権享有主体性	権利の性質上日本国民のみを対象としていると解されるものを除き、すべて及ぶ（判例）
保障の範囲	**(1)保障される人権** 　①幸福追求権 　②精神的自由権（ただし、政治活動の自由は制限あり） 　③経済的自由権・財産権 　④人身の自由 　⑤裁判を受ける権利・請願権・国家賠償請求権など **(2)保障されない人権** 　①入国の自由・再入国の自由 　　（ただし、出国の自由は保障される） 　②社会権 　③選挙権・被選挙権 　④公務就任権

4 ★ 人権総論 八幡製鉄事件

（最大判 昭45.6.24）

事 案

八幡製鉄（現在の新日鉄住金）の代表取締役が、政党に対して会社名で政治献金をした行為の責任を追及して、同社の株主が訴えを提起した。

争 点

法人に人権享有主体性が認められるか。

結 論

認められる。

ポイント！

政治的行為の自由は、憲法21条1項で保障されます。この判例は、法人に政治的行為をなす自由が保障されることを認めたものです。

その他、法人に認められる権利の例には、経済的自由権（22条、29条）、請願権（16条）、国務請求権（裁判を受ける権利（32条））、国家賠償請求権（17条）、刑事手続上の諸権利（31条等）があります。

法人に認められない権利の例には、生存権（25条1項）、生命や身体に関する自由（33条等）、選挙権（15条1項）があります。

最高裁は、「憲法第3章に定める国民の権利及び義務の各条項は、性質上可能な限り、内国の法人にも適用されるものと解すべきである」と述べています。「性質上可能な限り」というところがポイントです。

★ 人権総論

5 猿払事件

(最大判 昭49.11.6)

RANK ★★

事 案

北海道猿払村の郵便局員が、衆議院議員の選挙用ポスターを公営掲示板に掲示したり、他に配布したところ、国家公務員法に反するとして起訴された。

争 点

公務員の政治活動を禁止する国家公務員法102条は合憲か。

結 論

合 憲

ポイント！ ∙∙∙

最高裁は、「公務員に対する政治的行為の禁止が右の合理的で必要やむを得ない限度にとどまるものか否かを判断するにあたっては、禁止の目的、この目的と禁止される政治的行為との関連性、政治的行為を禁止することにより得られる利益と禁止することにより失われる利益との均衡の3点から検討することが必要である」と述べています。

なお、同様の論点が問題となった有名な判例として、堀越事件（最判平24.12.7）が挙げられます。この判例では、国家公務員法102条1項の「政治的行為」について、「公務員の職務の遂行の政治的中立性を損なうおそれが、観念的なものにとどまらず、現実的に起こり得るものとして実質的に認められるもの」を指すと判示しました。

6 ★ 人権総論
三菱樹脂事件

(最大判 昭48.12.12)

RANK
★★

事 案

　原告は、大学在学中に学生運動に参加していたにもかかわらず、採用試験に際して提出した身上書にその事実を記載しなかったことを理由に、試用期間終了後本採用を拒否された。

争 点

① 憲法の人権規定は、私人間にも適用されるか。
② 私人相互間で自由・平等侵害があった際どのように保護していくことができるか。

結 論

① 直接適用はしない。
② 民法1条、90条や不法行為に関する諸規定を運用して保護していく。

ポイント ◢

　憲法は、「国家」対「私人」の問題を解決するための法です。

　では、「私人」対「私人」の問題にも適用されるのでしょうか。

　この判例は結論として、私人間の問題に憲法を直接適用することはせず、間接的に適用することとした、と解されています。すなわち、私法の一般条項を解釈する際に憲法規定の趣旨を勘案している、と解釈されています。

7 ★ 人権総論

前科照会事件

（最判 昭56.4.14）

RANK ★★

事 案

　自動車教習所の教官Xが解雇され、この解雇が有効かどうかが争われていた。そこで、自動車教習所側の弁護士が、所属する京都弁護士会を介して、中央労働委員会、京都地方裁判所に提出するために必要だとして、弁護士法の規定に基づき、Xの前科、犯罪歴について京都市伏見区役所に照会した。

　同区役所はこれを同市中京区役所に回付し、この結果、京都市中京区役所が京都弁護士会に対し、Xには道路交通法違反11犯、業務上過失傷害1犯、暴行1犯の前科がある旨の回答を行った。

争 点

　区長が弁護士会の照会に応じ、犯罪の種類、軽重を問わず、前科などを報告することは、公権力の違法な行使にあたるか。

結 論

　あたる。

ポイント🖋

　最高裁は、「前科及び犯罪経歴……は人の名誉、信用に直接にかかわる事項であり、前科等のある者もこれをみだりに公開されないという法律上の保護に値する利益を有する」と述べています。「新しい人権」という重要な論点に関する判例です。

　なお、本判決を参照した事件に、自己のプライバシーに属する事実を含む記事が掲載されたウェブサイトの URL 等を検索結果から削除するよう検索事業者に求めた事案があります（最決平29.1.31）。

8 ★ 人権総論
尊属殺重罰規定違憲判決
(最大判 昭48.4.4)

RANK
★★

事 案

　実父に夫婦同様の関係を強いられてきた被告人が、虐待にたまりかね て実父を殺害し、自首した。

争 点

　普通殺に比べて尊属殺に著しく重罰を科すことが、法の下の 平等の原則に反しないか。

結 論

　反する。

ポイント！ ・・・・・・・・・・・・・・・・・・・・・・・・・・・・・・・・・・・・・・

　法令違憲判決の１つです。

　この判例は、旧刑法200条について、目的は合理的、手段は合理 的でないとし、違憲としています。具体的には、尊属殺という特別 な犯罪を設けて、刑を加重すること自体は14条１項に反しないとし たうえで、その加重の程度（死刑又は無期懲役のみ）が重すぎるこ とから、14条１項に違反すると判示しました。

9 ★ 包括的基本権と法の下の平等

衆議院議員定数不均衡事件

（最大判 平25.11.20）

事 案

「憲法の投票価値の平等の要求に反する状態」とした平成23年最高裁判決を受けた改正公職選挙法の成立直後の平成24年衆議院議員総選挙は、改正前公職選挙法の区割規定で施行され、最大2.425倍の投票価値の較差となった。

争 点

① 憲法の投票価値の平等の要求に反する状態に至っていたか。

② 憲法上要求される合理的期間内における是正がされなかったといえるか。

結 論

① 本件選挙時の公職選挙法の選挙区割りは、憲法の投票価値の平等の要求に反する状態にあった。

② 憲法上要求される合理的期間内における是正がされなかったとはいえない。

ポイント

投票価値の較差の問題については、上記①②の他、③合理的期間内に是正がされなかったとして定数配分規定等が違憲であるとされた場合に、選挙を無効とすることなく選挙の違法を宣言するにとどめるか否かといった判断の枠組みによって審査がなされています。

なお、最大判平30.12.19（衆院選・最大較差1対1.98）、最大判令2.11.18（参院選・最大較差1対3.00）は、当該不均衡が憲法に違反するとはいえないとしました。

10 ★ 包括的基本権と法の下の平等
非嫡出子相続分規定違憲決定
(最大決 平25.9.4)

事 案

非嫡出子である申立人が、家庭裁判所の遺産分割審判において、嫡出子と均等な相続を主張した。

争 点

相続財産について、非嫡出子に嫡出子の2分の1の法定相続分しか認めない旧民法900条4号ただし書前段の規定は、法の下の平等を定めた憲法14条1項に違反しないか。

結 論

違反する。

ポイント

判例は、「法律婚という制度自体は我が国に定着しているとしても、上記のような認識の変化に伴い、上記制度の下で父母が婚姻関係になかったという、子にとっては自ら選択ないし修正する余地のない事柄を理由としてその子に不利益を及ぼすことは許されず、子を個人として尊重し、その権利を保障すべきであるという考えが確立されてきている」として、「嫡出子と嫡出でない子の法定相続分を区別する合理的な根拠は失われていた」としました。

第1章 憲法

11 愛媛玉串料訴訟
★ 精神的自由①（内心の自由等）

（最大判 平9.4.2）

RANK ★★

事 案

愛媛県の住民らが、愛媛県知事らの靖国神社・県護国神社に対する玉串料等の支出を争った。

争 点

県が靖国神社または護国神社の挙行した例大祭、みたま祭または慰霊大祭に際し玉串料、献灯料または供物料を県の公金から支出して奉納したことが、憲法20条３項に違反するか。

結 論

違反する（目的効果基準を用いた）。

ポイント！

目的効果基準とは、ある行為について、①その目的が宗教的意義をもち、②その効果が特定の宗教に対する援助、助長、促進、または圧迫、干渉になるのであれば、その行為は、20条３項で禁止される「宗教的活動」にあたることになり、違憲となるというものです。

目的効果基準が初めて用いられた事件は、津地鎮祭事件（最大判昭 52.7.13）です。この事件で、最高裁は、三重県津市による地鎮祭への公金支出について、目的効果基準を用い、20条３項で禁止される「宗教的活動」にあたらないとしました。

12 ★ 精神的自由①（内心の自由等）
学問の自由・大学の自治

RANK ★★

学問の自由（23条）	
条　文	学問の自由は、これを保障する。
内　容	①学問研究の自由　　　　②研究発表の自由 ③大学における教授の自由　④大学の自治

大学の自治	
根　拠	大学の自治については、憲法上明文規定がないが、学問の自由と大学の自治が密接不可分の関係にあることを前提として、制度的保障として、大学の自治が保障されているものと解される
定　義	大学の自治とは、大学における学問、研究、教育の自由を保障するために、大学の運営については大学の自治に任せ、外部からの干渉を排除しようとすることをいう
内　容	①学長・教授その他の研究者の人事 ②大学の施設の管理 ③学生の管理

ポイント！

　判例は、普通教育における教師に完全な教授の自由が認められるかが争われた事案で、教授の自由は憲法23条で保障されているが、一定の範囲に限られ、完全な教授の自由を認めることはできないとしました（旭川学力テスト事件　最大判昭51.5.21）。

　また、別の判例は、学生が大学の自治の主体になるかが争われた事案で、学生は大学の自治の主体とはならないとしました（東大ポポロ事件　最大判昭38.5.22）。

★ 精神的自由②（表現の自由等）

13 サンケイ新聞事件

(最判 昭62.4.24)

RANK
★★

事 案

　自民党がサンケイ新聞（現在の産経新聞）に掲載した共産党を批判する意見広告が、共産党の名誉を毀損するものであるとして、同党が同じスペースの反論文を無料かつ無修正で掲載することを要求した。

争 点

反論権は、憲法21条によって認められるか。

結 論

　認められない（具体的な法律が必要である）。

ポイント ❗

　最高裁は、不法行為が成立する場合は別論として、具体的な成文法がないのに、反論権（アクセス権）を認めるに等しい反論文掲載請求権をたやすく認めることはできない、と述べています。

　反論権を認めてしまうと、批判的記事、ことに公的事項に関する批判的記事の掲載を躊躇させ、憲法の保障する表現の自由を間接的に侵す危険につながるおそれがあるからです。

14 ★ 精神的自由②（表現の自由等）
博多駅テレビフィルム提出命令事件

（最大決 昭44.11.26）

RANK ★★

事 案

米原子力空母寄港反対闘争に参加した学生と機動隊員とが博多駅付近で衝突し、機動隊側に過剰警備があったとして付審判請求がなされた。

福岡地裁は、テレビ放送会社に、衝突の模様を撮影したテレビフィルムを証拠として提出することを命じたが、放送会社はその命令が報道の自由を侵害するとして争った。

争 点

① 取材の自由は憲法上保障されるか。

② 裁判所による取材ビデオテープの押収は、憲法21条に反し違憲か。

結 論

① 憲法21条の精神に照らし、十分尊重に値する。

② 合 憲

ポイント！ ●●●●●●●●●●●●●●●●●●●●●●●●●●●●●●●●●●●●●●

最高裁は、「報道機関の報道は、民主主義社会において……国民の『知る権利』に奉仕するものである。したがって、……事実の報道の自由は、表現の自由を規定した憲法21条の保障のもとにある……報道のための取材の自由も、憲法21条の精神に照らし、十分尊重に値する」と述べています。「保障のもとにある」と「十分尊重に値する」は、意味するところが異なります。

0 / **0** /

★ 精神的自由②（表現の自由等）

15 戸別訪問禁止規定違反事件

(最判 昭56.6.15)

RANK ★★

事 案

衆議院議員に立候補予定の被告人が選挙人宅を個々に訪問し投票を依頼した行為が、公職選挙法違反として起訴された。

争 点

戸別訪問禁止規定（公職選挙法138条1項）は憲法21条に反し違憲か。

結 論

合 憲

ポイント！

「表現の自由」に対する規制には2種類あります。「内容規制」は表現の「内容」を規制することです。

例えば、煽動表現（破壊活動防止法38条1項）、わいせつ表現（刑法175条）、名誉毀損表現（刑法230条1項）を規制することです。

「内容中立規制」は表現の時や場所等、「方法」を規制することで、例えば、街頭演説やビラ貼りを規制することです。

この判例は、「内容中立規制」についてのものです。

16 ★ 精神的自由②（表現の自由等）
税関検査事件

（最大判 昭59.12.12）

RANK ★★★

事案

　欧米の商社に注文した映画フィルムや雑誌・書籍が、税関検査の結果、輸入禁制品にあたるとされた処分について、税関検査が検閲にあたり、違憲であるとして争った事案。

争点

① **検閲の意義**

② **税関検査は検閲か。**

結論

① **検閲**とは「**行政権**が主体となって、**思想内容**等の表現物を対象とし、その全部または一部の発表の禁止を目的として、対象とされる一定の表現物につき網羅的一般的に、**発表前**にその内容を審査した上、不適当と認めるものの発表を禁止すること」とする。

② 否　定

ポイント! ●●●●●●●●●●●●●●●●●●●●●●●●●●●●●●●●●

　最高裁は、税関検査が検閲にあたらないとした理由として以下のことを挙げています。税関検査の場合は、表現物は、「一般に、国外においては既に発表済みのものであって、その輸入を禁止したからといって、……発表の機会が全面的に奪われてしまうわけのものでもない。……検査は関税徴収手続の一環として、……付随的手続の中で容易に判定し得る限りにおいて審査しようとするものにすぎず、思想内容等それ自体を網羅的に審査し規制することを目的とするものではない。……税関検査は、……司法審査の機会が与えられている」。

　また、別の判例は、裁判所による出版差止めは検閲にあたらないとしています。しかし、出版差止めは事前抑制そのものなので原則として許されないが、厳格かつ明確な要件の下で合憲としています。

　具体的には、①表現内容が真実でなく、またはそれが専ら公益を図る目的のものでないことが明白であって、かつ、②被害者が重大にして著しく回復困難な損害を被るおそれがあるときは、例外的に事前差止めが許されるとしています。

　ただし、この場合も、口頭弁論、または債務者の審尋を行うことが原則として必要だとしています。

17 ★ 精神的自由②（表現の自由等）
泉佐野市民会館事件
(最判 平7.3.7)

RANK
★★
★★

事 案

「関西空港反対集会」の開催のため市民会館の利用申請を不許可とした処分を受けて、不許可処分を受けた者が、国家賠償による損害賠償を請求した。

争 点

市立泉佐野市民会館条例は、憲法21条及び地方自治法244条に反しないか。

結 論

反しない。

ポイント！

この判例は、「集会の自由」についての判例です。

最高裁は、公共の安全が害される程度について、「単に危険な事態を生ずる蓋然性があるというだけでは足りず、明らかな差し迫った危険の発生が具体的に予見されることが必要である」としています。

なお、同様に市民会館の使用不許可が問題となった事案として、上尾市福祉会館事件が挙げられます（最判平 8.3.15）。この判例は、平穏な集会について、集会に反対する者による阻止・妨害による紛争発生を理由に施設の利用を拒否できるのは、「警察の警備等によってもなお混乱を防止することができないなど特別な事情がある場合に限られる」と判示しています。

18 ★ 精神的自由②（表現の自由等） 徳島市公安条例事件

(最大判 昭50.9.10)

RANK ★★

事 案

　反戦青年委員会主催のデモ行進において、蛇行進を煽動した者が、徳島市公安条例の定める「交通秩序を維持すること」という許可条件などに違反するとして、起訴された。

争 点

刑罰法規の明確性の判断基準

結 論

　一般人の理解を基準とする。

ポイント ✓

　精神的自由を規制する立法はその要件が明確でなければなりません。これを明確性の理論といいます。規制が違憲かどうかを判断する審査基準の１つです。

　この判例は、表現の自由を規制する刑罰法規について、明確性の理論を用いて判断したものです。そして、明確性を判断する際、一般人を基準とするとしています。この点が重要です。

　なお、徳島市公安条例事件では、条例による規制について、地方公共団体の制定する条例と国の法律（道路交通法）との関係性（法律と条例が矛盾しないかなど）も問題となりました。「**45　地方自治　徳島市公安条例事件**」を参照してください。

19 ★ 経済的自由・人身の自由
小売市場距離制限事件
(最大判 昭47.11.22)

事 案

小売商業調整特別措置法3条1項が小売市場の開設を許可する条件として適正配置の規制を課していることの合憲性が争われた。

争 点

営業の自由も憲法22条1項により保障されるか。

結 論

保障される。

ポイント ❶

この判例で問題になっている規制は、積極目的による規制です。積極目的による規制とは、社会国家的見地から、経済の調和のとれた発展を確保し、特に社会的・経済的弱者を保護するためになされる規制をいいます。積極目的による規制についての合憲性判定基準には、明白性の原則が用いられます。

最高裁は、明白性の原則について、具体的には、「個人の経済活動に対する法的規制措置については、立法府の政策的技術的な裁量に委ねるほかはなく、裁判所は、立法府の右裁量的判断を尊重するのを建前とし、ただ、立法府がその裁量権を逸脱し、当該法的規制措置が著しく不合理であることの明白である場合に限って、これを違憲とする」と述べています。

20 薬局距離制限事件

★ 経済的自由・人身の自由

(最大判 昭50.4.30)

RANK ★★

事 案

薬局の開設に適正配置を要求する旧薬事法6条2項及び広島県条例の規制の合憲性が争われた。

争 点

薬局の開設に適正配置を要求する薬事法は、憲法22条1項に反しないか。

結 論

反する（消極目的）。

ポイント！

この判例で問題になっている規制は、消極目的による規制です。消極目的による規制とは、自由国家的見地から国民の生命・健康に対する危険を防止するためになされる規制をいいます。消極目的による規制についての合憲性判定基準には、厳格な合理性の基準が用いられます。

最高裁は、厳格な合理性の基準について、具体的には、「重要な公共の利益のために必要かつ合理的な措置であること」「よりゆるやかな制限である職業活動の内容及び態様に対する規制によっては右の目的を十分に達成することができないと認められること」と述べています。

21 森林法共有林事件

★ 経済的自由・人身の自由

（最大判 昭62.4.22）

事 案

父親から山林を２分の１ずつ生前贈与され共有になっていた兄弟のうち、弟が兄に分割請求したところ、森林法186条の分割制限に該当するとして、認められなかった。

争 点

共有林について、その持分価額２分の１以下の共有者が、民法256条１項に基づいて分割請求することに制限を加える旧森林法186条は、憲法29条２項に違反しないか。

結 論

違反する。

ポイント！••••••••••••••••••••••••••••••

　財産権を制限する法律を違憲と判断したものです。法令違憲判決の1つです。

　最高裁は、「財産権に対して加えられる規制が憲法29条2項にいう公共の福祉に適合するものとして是認されるべきものであるかどうかは、規制の目的、必要性、内容、その規制によって制限される財産権の種類、性質及び制限の程度等を比較考量して決すべきものであるが、裁判所としては、」立法の規制目的が「公共の福祉に合致しないことが明らかであるか、又は……合致するものであっても規制手段が右目的を達成するための手段として必要性若しくは合理性に欠けていることが明らかであって、そのため立法府の判断が合理的裁量の範囲を超えるものとなる場合に限り、……その効力を否定することができるものと解するのが相当である」と述べています。

　なお、財産権については、「私有財産は、正当な補償の下に、これを公共のために用いることができる」（29条3項）と規定されていることも重要です。

　この点に関して、財産上の犠牲が単に一般的に当然に受忍すべきものとされる制限の範囲を超え、特別の犠牲を課したものである場合には、これについて損失補償に関する規定がなくても、直接、憲法29条3項を根拠にして、補償請求をする余地があるとした判例があります（河川附近地制限令事件　最大判昭43.11.27）。

22

★ 経済的自由・人身の自由

第三者所有物没収事件

(最大判 昭37.11.28)

事 案

　密輸を企てた被告人が有罪判決を受けた際に、その付加刑として、密輸にかかわる貨物の没収判決を受けたが、この貨物には被告人以外の第三者の所有する貨物が混じっていたため、被告人が、所有者である第三者に事前に告知と聴聞の機会を与えないで没収することは違憲であると主張して争った。

争 点

　憲法31条の適正手続の内容として、告知と聴聞を受ける権利は含まれるか。

結 論

　含まれる。

ポイント ❗

　最高裁は、「第三者の所有物を没収する場合において、その没収に関して当該所有者に対し、何ら告知、弁解、防御の機会を与えることなく、その所有権を奪うことは、著しく不合理であって、憲法の容認しないところである」と述べています。

　31条の「法律の定める手続」は、手続を法定することのみならず、手続の内容が適正であることをも意味します。さらに、実体を法定すること、実体が適正であることも意味します。

23 ★ 経済的自由・人身の自由
川崎民商事件

(最大判 昭47.11.22)

RANK ★★★

事 案

川崎民主商工会会員であるXは、確定申告に過少申告の疑いをもった税務署職員の質問検査に抵抗し拒否したため、起訴された。

旧所得税法は、収税官吏は、所得税に関する調査について必要があるときは納税義務者等に質問しまたは帳簿書類その他の物件の検査を行うことができると規定し、これを拒んだ者に刑罰を科していた。

争 点

憲法38条1項の黙秘権の保障が行政手続にも及ぶか。

結 論

原則として及ぶ。

ポイント

刑事手続に関する規定が行政手続にも準用されるかという論点に関する判例です。

最高裁は、黙秘権は、「純然たる刑事手続においてばかりではなく、それ以外の手続においても、実質上、刑事責任追及のための資料の取得収集に直接結びつく作用を一般的に有する手続には、ひとしく及ぶ」と述べています。

なお、川崎民商事件は、行政法の「行政調査」のテーマでも取り扱われます。行政機関が一定の強制力をもって調査をすることがあるため、人権保障の観点から、その手続や要件等、さまざまな点が問題となるのです。「行政法12 行政作用法 行政調査」とあわせて参照してください。

24 労働基本権（28条）

★ 受益権・社会権・参政権

RANK ★★

条　文	勤労者の団結する権利及び団体交渉その他の団体行動をする権利は、これを保障する。
定　義	労働基本権とは、団結権、団体交渉権、団体行動権の3つからなる権利をいう
法的性格	①刑事免責 ②民事免責 ③労働委員会による行政救済（不当労働行為制度）
内　容	①団結権 　労働者の団体を組織する権利（労働組合結成権）のことであり、労働者を団結させて使用者の地位と対等にさせるための権利である。 　労働組合を結成する目的は、労働条件の維持・改善のためである。 ②団体交渉権 　労働者の団体が使用者と労働条件について交渉する権利であり、交渉の結果、締結されるのが労働協約（労働組合法14条）である。 ③団体行動権（争議権） 　労働者の団体が労働条件の実現を図るために団体行動を行う権利であり、その中心は争議行為である。争議行為とは、いわゆるストライキなどを指す。

公務員の労働基本権の制限	団結権	団体交渉権	団体行動権
警察職員・消防職員・自衛隊員など	制限される	制限される	制限される
非現業の一般公務員	○	制限される	制限される
現業公務員（林野など）	○	○	制限される

ポイント！ ••••••••••••••••••••••••••••••••••

　判例は、憲法28条の精神に由来するところにより、労働組合には統制権が認められるとしています。

　しかし、判例は、統一候補以外の組合員で立候補しようとする者に対し、勧告または説得の域を超え、立候補を取りやめることを要求し、これに従わないことを理由に当該組合員を統制違反者として処分するのは、組合の統制権の限界を超えるものとして、違法であるとしています（最大判昭 43.12.4 ）。

25

★ 受益権・社会権・参政権

在外邦人選挙権制限違憲訴訟

（最大判 平17.9.14）

RANK ★★

事 案

　平成10年改正前の公職選挙法は、国内で住民登録をしていない在外国民の投票機会を保障していなかった。昭和59年に在外投票を可能にする法案が国会に提出されたものの廃案となり、平成10年の改正で在外選挙人名簿が創設されたものの、その対象は当分の間、衆参両院の比例代表選出議員の選挙に限るとされ、選挙区選出議員の選挙については在外国民が投票できないものとされていた。

　在外国民である原告らは、こうした措置が憲法14条１項、15条１項、３項、43条１項、44条および国際人権規約Ｂ規約25条に反し違憲であると主張し、①公職選挙法が原告らに選挙権を認めていないことの違法確認、②原告らが衆参両院の選挙区選挙でも選挙権を有することの確認、及び、③国会が同法の改正を怠ったことに対する国家賠償を求めて提訴した。

争 点

　在外国民の投票機会を保障していなかった公職選挙法の規定は、憲法14条１項、15条１項、３項、43条１項、44条、国際人権規約Ｂ規約25条に反し違憲ではないか。

結 論

違 憲

ポイント！ ・・・・・・・・・・・・・・・・・・・・・・・・・・・・・・・・・・・・

　法令違憲判決の1つです。

　最高裁は、「選挙の公正を確保しつつ選挙権の行使を認めることが事実上不能ないし著しく困難であると認められる」といった「やむを得ない事由がある」場合でない限り、在外国民の選挙権行使を制限することは許されないとしています。

　そして、「立法の内容又は立法不作為が国民に憲法上保障されている権利を違法に侵害するものであることが明白な場合や、国民に憲法上保障されている権利行使の機会を確保するために所要の立法措置を執ることが必要不可欠であり、それが明白であるにもかかわらず、国会が正当な理由なく長期にわたってこれを怠る場合などには、例外的に、国会議員の立法行為又は立法不作為は、国家賠償法1条1項の規定の適用上、違法の評価を受ける」と判示し、立法行為・立法不作為を国家賠償法上違法とした点でも、重要な判例です。

　なお、この判例と関連して、国会議員の立法行為は、立法の内容が憲法の一義的な文言に違反しているにもかかわらず国会があえて当該立法を行うというごとき、容易に想定しがたいような例外的場合でない限り、国家賠償法1条1項の適用上、違法の評価を受けないとした判例が重要です（在宅投票制度廃止事件　最判昭60.11.21）。

26 ★ 受益権・社会権・参政権
堀木訴訟

(最大判 昭57.7.7)

事 案

　全盲で障害福祉年金を受給していた女性が、離婚し母子家庭となった
ため、児童扶養手当の支給を請求したところ、併給禁止規定にあたると
して拒否された。

争 点

　児童扶養手当法の併給禁止規定は、憲法25条に違反しない
か。

結 論

　違反しない。

ポイント！

　この判例で、最高裁は、社会権に対する立法措置について、「具
体的にどのような立法措置を講ずるかの選択決定は、立法府の広い
裁量にゆだねられており、それが著しく合理性を欠き明らかに裁量
の逸脱・濫用と見ざるを得ないような場合を除き、裁判所が審査判
断するのに適しない事柄であるといわなければならない」と述べて
います。

　25条は、生存権を保障しています。生存権とは、社会権の中でも
原則的な権利であり、国家に対して人間たるに値する生存の確保を
要求し得る権利をいいます。

27 ★ 国会
国会の種類等

RANK
★★

種類	性　質	召集の要件等	召集権者等	備　考
常会	毎年1回定期的に召集される	会期制	天　皇	会期とは、国会が活動能力を有する一定の限られた期間をいう
臨時会	①臨時の必要に応じて召集される ②衆議院の任期満了による総選挙後・参議院の通常選挙後に召集される	召集の決定権は内閣にあり、いずれかの議院の総議員の4分の1以上の要求があれば、必ず召集の決定をしなければならない	天　皇	
特別会	衆議院が解散され総選挙が行われた後に、召集される	選挙の日から30日以内に召集される	天　皇	
緊急集会	衆議院が解散されて総選挙が施行され、特別会が召集されるまでの間に、国会の開会を要する緊急の事態が生じたとき、それに応えて国会を代行する制度	①衆議院の解散中で、②国に緊急の必要がある場合に、③内閣の求めによって行われる	内　閣	緊急集会でとられた措置は、臨時のもので、次の国会開会の後10日以内に、衆議院の同意がない場合には、その効力を失う

ポイント！ ....

常会との違いを意識しながら、他の3つも押さえてください。

28 ★ 国会
唯一の立法機関（41条）

◎唯一の立法機関①

条　　文	国会は、国権の最高機関であって、国の唯一の立法機関である（41条）。 行政権は、内閣に属する（65条）。 すべて司法権は、最高裁判所及び法律の定めるところにより設置する下級裁判所に属する（76条1項）。
定　　義	権力分立とは、国家の諸作用を性質に応じて立法・行政・司法というように区別し、それを異なる機関に担当させるよう分離し、相互に抑制と均衡を保たせる制度をいう
趣　　旨	各権力相互の抑制と均衡によって権力の濫用を防止し、もって国民の権利・自由を保障しようというもの
均衡と抑制	(1)立法権と行政権 　→議院内閣制 (2)立法権と司法権 　→違憲審査権 (3)行政権と司法権 　→違憲審査権
現代的変容	(1)行政国家現象 (2)政党国家現象 (3)司法国家現象

◎唯一の立法機関②

条　文	国会は、国権の最高機関であって、国の唯一の立法機関である（41条）。
意　味	(1)国会中心立法の原則 　→国の行う立法は、憲法に特別の定めがある場合を除いて、常に、国会を通してなされなくてはならないことをいう 　→例　外 　　①議院規則制定権に基づく議院規則（58条2項本文前段） 　　②裁判所の規則制定権に基づく裁判所規則（77条1項） 　　③行政機関の制定する命令（73条6号参照） 　　④地方公共団体の条例（94条） (2)国会単独立法の原則 　→国会による立法は、国会以外の機関の関与なしに、国会の議決のみで成立することをいう 　→例　外 　　一の地方公共団体にのみ適用される地方特別法（95条）

ポイント ！ ....

「唯一」の意味するところが、(1)国会中心立法の原則、(2)国会単独立法の原則です。

★ 国会

29 衆議院の優越

RANK ★★

衆議院が優越するもの		両院が対等なもの
権限事項での優越	議決での優越	
①予算先議権 ②内閣不信任決議	①法律案の議決 ②予算の議決 ③条約承認の議決 ④内閣総理大臣の指名	①皇室財産授受の議決 ②予備費の支出承諾 ③決算の審査 ④憲法改正の発議

	法律案	予算案	条　約	内閣総理大臣の指名
衆議院の先議権	な　し	あ　り	な　し	な　し
参議院が議決しない日数の要件	60日	30日	30日	10日
議決しない場合の効果	否決とみなすことができる	衆議院の議決を優先	衆議院の議決を優先	衆議院の議決を優先
再　議　決	出席議員の3分の2以上の多数決	不　要	不　要	不　要
両院協議会	任意的	必要的	必要的	必要的

ポイント！ ‥‥‥‥‥‥‥‥‥‥‥‥‥‥‥‥‥‥‥‥‥‥‥‥‥‥

衆議院が優越する場合をしっかりと押さえておきましょう。

30 ★国会 議員の特権

RANK ★★

不逮捕特権（50条）	原 則	両議院の議員には会期中の不逮捕特権が認められており、これは、行政権による逮捕権の濫用を防ぎ、 ①議員の職務遂行 ②議院の審議権を確保する という趣旨である
	例 外	逮捕権の濫用を防ぐというのが目的であり、院外での現行犯や、院の許諾がある場合には、逮捕権の濫用は考えにくいので、例外として国会法33条で会期中でも逮捕が許容されている →会期前に逮捕された議員については、議院は釈放を要求することができる
免責特権（51条）		両議院の議員は、議院で行った演説、討論または表決について、院外で責任を問われない
参 考		地方議会の議員には、不逮捕特権・免責特権が認められない（最大判昭42.5.24）

ポイント！ ....

　免責特権はあくまでも「院外」においてです。「院内」では責任を問われる可能性があります。

　また、国会議員が院外で問われない「責任」とは、一般の国民であれば通常負うべき法的責任のことをいいます。そのため、議院で行った演説・討論等について、院外で政治的責任や道義的責任を追及することはできます。

★ 国会

31 国会の権能と議院の権能

国会の権能	議院の権能
①憲法改正の発議（96条1項）	①会期前に逮捕された議員の釈放要求権（50条）
②法律案の議決（59条）	②議員の資格争訟の裁判権（55条）
③条約の承認（73条3号）	③役員選任権（58条1項）
④内閣総理大臣の指名 （6条1項、67条1項前段）	④議院規則制定権・議員懲罰権 （58条2項）
⑤内閣の報告を受ける権能 （72・91条）	⑤国政調査権（62条）
⑥弾劾裁判所の設置（64条1項）	⑥請願の受理・議決 （国会法82条・79条等）
⑦財政の統制（第7章等）	⑦秘密会（57条1項ただし書）
⑧皇室財産の授受の議決（8条）	⑧国務大臣の出席要求権（63条）
⑨予算の議決（86条）	

ポイント🖐

　国会の権能と、議院の権能は混乱してしまいがちです。しっかりと区別して覚えましょう。

★ 国会

32 各国家機関の指名・任命

RANK
★★

第1章 憲法

	指 名	任 命	任命の条件	認 証
内閣総理大臣	国 会	天 皇	国会議員であること	
国務大臣		内閣総理大臣	過半数が国会議員であること	天 皇
最高裁判所長官	内 閣	天 皇		
最高裁判所裁判官		内 閣		天 皇
下級裁判所裁判官	最高裁判所	内 閣	最高裁判所の指名した者の名簿	高等裁判所長官のみ天皇が認証

ポイント！ ・・

指名権者と任命権者がずれている点に注意しましょう。

33 ★ 国会
国政調査権（62条）

RANK ★★

条　文	両議院は、各々国政に関する調査を行い、これに関して、証人の出頭及び証言並びに記録の提出を要求することができる。
定　義	国会または議院が、法律の制定や予算の議決等、憲法上の権限はもとより、広く国政、特に行政に対する監督・統制の権限を実効的に行使するために必要な調査を行う権限をいう
方　法	証人の出頭及び証言並びに記録の提出 →捜索・押収・逮捕等は認められない
制　約	(1)司法権との関係 →判決や裁判手続等であっても、司法に関する立法や予算の審議等のために必要とされるときは、国政調査の対象となり得る →ただし、司法権の独立を侵さないようにすることが必要である (2)検察権との関係 →検察権も行政権であるから、原則として国政調査権の対象となる →ただし、次のような調査は違法ないし不当とされる 　①起訴・不起訴に関する検察権の行使に政治的圧力を加えることが目的と考えられる調査 　②起訴事件に関する捜査内容や公訴提起・追行の内容を対象とする調査 　③捜査の続行に重大な支障を及ぼすような方法による調査 (3)人権との関係 →基本的人権を侵害する調査は許されない

ポイント！ ・・

　国政調査権の法的性質については、議院が立法その他の権能を行使するための手段として認められた、補助的な権能であると解されています。

　検察権との関係で、国政調査権が制約を受けるのは、検察権は行政の中でも司法に一番密接にかかわるものであるからです。司法権との関係では、司法権の独立を害さないような配慮が求められているように、検察権に対する国政調査権の行使にも、一定程度の配慮を求められることになります。

　もっとも、検察権はあくまでも行政権に属するものであるため、原則として国政調査権が及び、違法または不当な調査権の行使となるのは例外的な場合であることに注意しましょう。

34 ★ 内閣
内閣解散権の行使の根拠

RANK ★★

◎69条限定説と65条説

	69条限定説	65条説
結論	69条に根拠を求めると同時に、解散権の行使は69条の場合に限定	行政の概念に根拠を求める
理由	①69条は、内閣不信任に対抗しての解散を考えていると解すべきであり、内閣が解散権をもつと解するのが自然である ②解散の実質的な場面について69条にしか規定がないということは、69条の場合に限定して解散を認める趣旨である	行政概念についての控除説に立ち、解散権の性質は立法でも司法でもないから行政であり、ゆえに内閣に帰属する
批判	解散権を行使できる場合が著しく限定される	控除説の前提としての全国家作用は、「国民支配作用」と考えるべきであり、そこに解散権は含まれないから、控除しても行政には残らないはずである

◎制度説と7条説

	制度説	7条説
結論	議院内閣制という制度に根拠を求める	内閣の助言・承認権に根拠を求める
理由	憲法では議院内閣制を採用しているところ、議院内閣制においては、内閣に自由な解散権が認められるのが通例である	①天皇の国事行為が国政に関する権能という性質をもたないのは、内閣が実質的決定権を有するからであり、ゆえに、解散についても、内閣が実質的決定権を有する ②解散を定める7条3号は、解散につき何らの制限もつけていない
批判	議院内閣制において、内閣に自由な解散権が認められることが通例であるかどうか疑問である	

ポイント！ ・・・・・・・・・・・・・・・・・・・・・・・・・・・・・・・・・・・・・

まず「69条限定説」と「7条説」を押さえるとよいでしょう。

★ 内閣

35 内閣の職権と内閣総理大臣の権限

RANK ★★★

内閣の職権	内閣総理大臣の権限
①法律の誠実な執行と国務の総理	①国務大臣の任免権（68条）
②外交関係の処理	②内閣を代表して議案を国会に提出し、一般国務及び外交関係について国会に報告し、行政各部を指揮監督※する権限（72条）
③条約の締結	
④官吏に関する事務の掌理	
⑤予算の作成と国会への提出	
⑥政令の制定	
⑦恩赦の決定、その他一般の行政事務	③法令への連署（74条）
（以上、73条1〜7号）	④国務大臣の訴追に対する同意（75条）
⑧国事行為に対する助言と承認	
（3条、7条）	
⑨最高裁判所長官の指名（6条2項）	
⑩最高裁判所長官以外の裁判官の任命	
（79条1項、80条1項）	
⑪緊急集会の請求（54条2項ただし書）	
⑫臨時会の召集決定（53条）	
⑬予備費の支出（87条）	
⑭決算の提出及び財政状況の報告	
（90条1項、91条）	

※内閣総理大臣は、指揮監督権につき閣議にかけて決定した方針が存在しなくても、「内閣の明示の意思に反しない限り、行政各部に対し、随時、その所掌事務について一定の方向で処理するよう指導、助言等の指示を与える権限を有する」（最大判平7.2.22）

ポイント！ ・・・・・・・・・・・・・・・・・・・・・・・・・・・・・・・・・・・・・

　内閣の権能と、内閣総理大臣の権限は混乱してしまいがちですが、しっかり区別して覚えましょう。

❶ / ❷ /

36 ★ 内閣
衆議院の解散から新内閣の成立の流れ

RANK ★★★

◎主要な内閣の総辞職の原因

事　案	備　考
①衆議院で不信任の決議案を可決し、または信任の決議案を否決したときであって、10日以内に衆議院が解散されない場合（69条）	
②内閣総理大臣が欠けた場合（70条前段）	欠ける原因には、死亡、内閣総理大臣となる資格の喪失、辞職がある
③衆議院議員総選挙の後、初めて国会の召集があった場合（70条後段）	任期満了による総選挙後→臨時会（国会法２条の３）解散による総選挙後→特別会（54条）

◎衆議院の解散から新内閣の成立の流れ

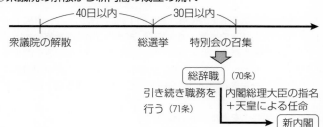

ポイント❗

69条と70条の場合、内閣は、「あらたに内閣総理大臣が任命されるまで」引き続きその職務を行います（71条）。「内閣が組織されるまで」ではないことに注意してください。

37

★ 裁判所
司法権の範囲（76条1項）

RANK
★★

条　文	すべて司法権は、最高裁判所及び法律の定めるところにより設置する下級裁判所に属する
司法権の意義	司法権とは具体的な争訟について、法を適用し、宣言することによって、これを裁定する国家の作用をいう 具体的な争訟とは、「法律上の争訟」（裁判所法3条1項）のことである
法律上の争訟の意義（要件）	①当事者の具体的な権利義務ないし法律関係の存否に関する紛争であって、 かつ、 ②それが法律を適用することにより終局的に解決することができるものをいう
内　容	(1)要件①を満たさないもの 　①抽象的な法令の解釈または効力を争うこと（例外：客観訴訟） 　②単なる事実の存否、個人の主観的意見の当否、学問上・技術上の論争、国家試験における合格・不合格の判定 　③純然たる信仰の対象の価値または宗教上の教義に関する判断自体を求める訴え、単なる宗教上の地位確認の訴え 　　→宗教問題が前提問題として争われる場合は、要件①を満たす (2)要件②を満たさないもの 　→宗教問題が前提問題として争われる場合のうち、宗教上の争いが紛争の実体ないし核心であって、紛争全体が裁判所による解決に適しない場合

ポイント！ ・・・・・・・・・・・・・・・・・・・・・・・・・・・・・・・・・・・・・

　司法権に関する判例として、警察予備隊違憲訴訟があります。「**39 裁判所　警察予備隊違憲訴訟**」（最大判昭 27.10.8）を参照してください。

　これは要件①を満たさない場合です。

　また、他の判例として、「板まんだら事件」（最判昭 56.4.7）があります。

　この判例は、具体的な権利義務ないし法律関係に関する紛争の形式をとっていても、前提問題として信仰の対象の価値または宗教上の教義に関する判断が必要であれば、その実質において法令の適用による終局的な解決の不可能なものであるから、裁判所法3条1項にいう「法律上の争訟」にあたらないとしました。要件②を満たさない場合です。

★ 裁判所
38 司法権の限界

	具 体 例	備 考
憲法が明文で認めたもの	①議員の資格争訟の裁判（55条） ②裁判官の弾劾裁判（64条）	これらは、裁判そのものであるが、議院の自律権や司法権への民主的統制の観点から例外として認められた
国際法によって定められたもの	③国際法上の治外法権 ④条約による裁判権の制限	③例：外交使節の治外法権 ④例：日米安全保障条約に基づく行政協定によって駐留米軍の構成員に対し刑事裁判権に一定の特例が認められること
憲法の解釈上の限界	⑤自律権に関する行為 ⑥自由裁量に関する行為 ⑦統治行為 ⑧団体の内部事項に関する行為	

ポイント！ ・・・・・・・・・・・・・・・・・・・・・・・・・・・・・・・・・

「司法権の限界」とは、**法律上の争訟**にあたり司法権の範囲内にあるけれども、裁判所が司法権を行使しない、またはできない場合の問題です。

これに関する重要な判例を以下に列挙します。

日米安全保障条約は、原則として違憲審査の対象とはなりません（砂川事件　最大判昭34.12.16）。「**40　裁判所　砂川事件**」を参照してください。

衆議院の解散は司法審査の対象とはなりません（苫米地事件　最大判昭35.6.8）。

政党の党員の除名処分は、原則として司法審査の対象とはなりません（共産党袴田事件　最判昭63.12.20）。

これらに対して、地方議会議員に対する出席停止の懲罰決議の効力については、地方議会に出席して住民の意思を議会に反映させるという議員としての責務が果たせなくなるなどとして、司法審査が及ぶとしています（最大判令2.11.25）。

また、除名処分については、議員の身分の喪失に関する重大事項で、単なる内部規律の問題にとどまらないため、司法審査が及ぶとされています（最大判昭35.10.19）。

39 ★ 裁判所
警察予備隊違憲訴訟

(最大判 昭27.10.8)

RANK ★★★

事 案

日本社会党（当時）の代表者が、自衛隊の前身である警察予備隊が違憲無効であることの確認を求めて出訴した。

争 点

具体的事件を離れて、最高裁判所は抽象的に法律命令等の合憲性を判断できるか。

結 論

できない。

ポイント

「37 裁判所 司法権の範囲」（76条1項）で司法権の定義や法律上の争訟の定義をまずは押さえましょう。

この判例は、最高裁判所は、抽象的に法律命令等の合憲性を判断できないとした点で、とても重要です。

40 砂川事件

★ 裁判所

（最大判 昭34.12.16）

RANK ★★

事案

駐留米軍が使用する立川飛行場が拡張されることになった。拡張のための測量に反対するデモ隊員が基地内に立ち入ったところ、日米安全保障条約に基づく刑事特別法2条違反に問われ、起訴された。

争点

日米安全保障条約は違憲審査の対象となるか。

結論

原則として、ならない。

ポイント

まずは、「**38 裁判所 司法権の限界**」で、司法権の限界がどのようなものかを理解してください。この判例は、司法権の限界についての重要な判例です。

この判例で、最高裁は、日米安全保障条約は、「主権国としてのわが国の存立の基礎に極めて重大な関係をもつ高度の政治性を有するものというべき」とし、違憲か否かの法的判断は、「純司法的機能をその使命とする司法裁判所の審査には、原則としてなじまない性質のものであり、従って、一見極めて明白に違憲無効であると認められない限りは、裁判所の司法審査権の範囲外のものである」と述べています。

41 ★ 裁判所
最高裁判所の権限

RANK
★★★

◎最高裁判所の権限

権　能	備　考
①一般裁判権	
②国家行為の合憲性審査権 （81条）	通常裁判所が、具体的な争訟事件を裁判する際に、その前提として事件の解決に必要な限度で、適用法条の違憲審査を行う
③最高裁判所の規則制定権 （77条1項）	最高裁判所の規則制定権は、「訴訟に関する手続、弁護士」等に関する事項について認められており、司法運営における司法権の自主性が尊重されている
④下級裁判所の裁判官指名権 （80条）	下級裁判所の裁判官の任命権は内閣にあるが、任命は最高裁判所の提出する名簿に基づいて行わなければならない
⑤下級裁判所及び裁判所職員を監督すべき司法行政監督権	裁判官に対する行政権の不当な干渉を排除し、裁判所の自主的な処理に委ねることとされている

ポイント！ ・・・・・・・・・・・・・・・・・・・・・・・・・・・・・・・・・・・・・・・

　判例は、「わが裁判所が現行の制度上与えられているのは司法権を行う権限であり、そして司法権が発動するためには具体的な争訟事件が提起されることを必要とする。

　我が裁判所は具体的な争訟事件が提起されないのに将来を予想して憲法及びその他の法律命令等の解釈に対し存在する疑義論争に関し抽象的な判断を下すごとき権限を行い得るものではない」としています（「**39**　裁判所　警察予備隊違憲訴訟」最大判昭27.10.8）。

42 ★ 裁判所
裁判官の政治活動

RANK ★★

(最大決 平10.12.1)

事 案

盗聴法と令状主義というテーマのシンポジウムにパネリストとして参加する予定であったXは、「自分としては、仮に法案に反対の立場で発言しても、裁判所法に定める積極的な政治運動にあたるとは考えないが、パネリストとしての発言は辞退する」との趣旨の発言をしたことから、Yは、Xの言動に対して、分限裁判を申し立てた。

争 点

裁判官が積極的に政治運動をすることを禁止する裁判所法52条1号の規定は、憲法21条1項に違反するか。

結 論

違反しない。

ポイント🖋

本決定は、「裁判官に対する政治運動禁止の要請は、一般職の国家公務員に対する政治的行為禁止の要請より強いものというべきである」と述べています。

なお、本決定は、猿払事件で示された判断基準をほぼそのまま踏襲しているため、「5 人権総論 猿払事件」(最大判昭49.11.6)とあわせて押さえておくとよいでしょう。

43 ★ 財政
財政の基本原則

RANK
★★

財政の基本原則	内　　容
財政民主主義 （83条）	国の財政を処理する権限は、国会の議決に基づいて、これを行使しなければならない
租税法律主義 （84条）	課税要件及び課税手続等、租税の賦課・徴収の具体的内容のすべてが、法律によって明確に定められなければならない
国費支出議決主義 （85条）	83条の財政民主主義を受け、これを支出面において具体化し、国の直接・間接の支出はすべて国会の議決に基づくべきことを定める

ポイント❗ ‥‥‥‥‥‥‥‥‥‥‥‥‥‥‥‥‥‥‥‥‥‥

　判例は、市町村が行う国民健康保険の保険料について、84条の規定が直接には適用されないが、同条の趣旨が及ぶとしています（最大判平18.3.1）。

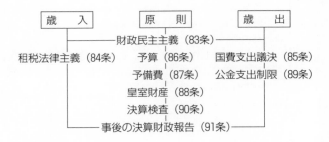

```
┌─────┐      ┌─────┐      ┌─────┐
│ 歳  入 │      │ 原  則 │      │ 歳  出 │
└─────┘      └─────┘      └─────┘
      ├──────財政民主主義（83条）──────┤
租税法律主義（84条）  予算（86条）    国費支出議決（85条）
              予備費（87条）   公金支出制限（89条）
              皇室財産（88条）
              決算検査（90条）
      └─────事後の決算財政報告（91条）─────┘
```

44 ★ 地方自治
地方自治の本旨

地 方 自 治	
定 義	地方自治とは、一定の地域社会における行政を、国から独立した地方公共団体に委ね、地域住民の意思に基づいて行うことをいう
趣 旨	①民主主義的意味 ②自由主義的意味
「地方自治の本旨」（92条）	
条 文	地方公共団体の組織及び運営に関する事項は、地方自治の本旨に基いて、法律でこれを定める
定 義	(1)住民自治 　→地域の住民が地域的な行政需要を自己の意思に基づき自己の責任において充足することをいう 　①地方公共団体の長、議員の直接選挙（93条2項） 　②地方自治特別法に対する住民投票（95条） 　③住民の直接請求権（地方自治法74条から74条の4（条例の制定改廃の請求）。75条（監査の請求）。76条から79条（議会の解散請求）。80条から88条（議員・長・役員の解散請求）） (2)団体自治 　→国から独立した団体を設け、この団体が自己の事務を自己の機関により自己の責任において処理することをいう 　①地方公共団体の自治権（94条）
論 点	地方自治の保障の性質

ポイント

住民自治と団体自治の2つをしっかりと押さえておきましょう。

45 ★ 地方自治
徳島市公安条例事件
(最大判 昭50.9.10)

RANK ★★

事 案

集団示威行進に参加した被告人が、笛を吹くなどして集団進行者に蛇行進させるよう刺激を与え、もって交通秩序の維持に反する行為をするよう煽動を行った。そのため、徳島市公安条例3条3号、5条に違反するとして起訴された。

争 点

条例が国の法令に違反しないかの判断基準はどのようなものか。

結 論

条例と法律の対象事項と規定文言を対比するのみでなく、それぞれの**趣旨、目的、内容及び効果**を比較し、両者の間に**矛盾抵触**があるかどうかによって判断する。

ポイント！ ・・・・・・・・・・・・・・・・・・・・・・・・・・・・・

地方自治に関する重要な判例です。判例の結論部分を覚えておきましょう。

なお、徳島市公安条例事件は、表現の自由に対する規制について、禁止される行為とそうでない行為とを識別するための基準の明確性なども問題となりました。「**18 精神的自由②（表現の自由等） 徳島市公安条例事件**」を参照してください。あわせて復習しておきましょう。

46 ★ 憲法改正
憲法改正の手続

手続の流れ	注　意　点
①**国会の**発議	国民に提案される憲法改正案を国会が決定すること（原案の提出ではない）をいう
②**国民の**承認	特別の国民投票または国会の定める選挙の際行われる投票による
③**天皇の**公布	改正権者である国民の意思による改正であるため、「国民の名で」行われる

ポイント！ ・・

　憲法改正の発議は、各議院の総議員の３分の２以上の賛成によります。国民の承認は、投票総数（賛成の投票数と反対の投票数を合計した数）の過半数の賛成によります。

　このように、憲法を改正するには高いハードルがあります。日本では、2015年９月に「安全保障関連法」が成立し、「集団的自衛権」の行使が可能となりましたが、集団的自衛権の行使については、憲法改正が必要ではないか、などの議論がなされています。

第 2 章

行政法

- 行政法総論
- 行政組織法等
- 行政作用法
- 行政手続法
- 行政救済法
- 行政不服審査法

- 行政事件訴訟法
- 国家賠償法
- 地方公共団体の組織
- 住民の直接参政制度
- 地方公共団体の機関
- 国と地方公共団体の関係等

1

★ 行政法総論

法律の留保の原則

RANK
★★

	侵害留保説 （従来の通説）	全部留保説	権力留保説
結論	国民の権利自由を制限するような行政活動を行うためには、法律の根拠が必要である	行政活動には、すべて法律の根拠が必要である	行政活動のうち、権力的作用については、法律の根拠が必要である
理由	国民の権利を制約したり、義務を課したりする侵害行政については、自由主義的な見地から、法律の根拠が必要である	現代国家においては、あらゆる行政活動は、民主的正当性をもつべきである	民主的法治国家では、一切の権威と権力の淵源は、国民代表議会の制定する法律に求められるから、行政府には当然に国会に優越した固有の権利は認められない
批判	①法律による授権を必要とする範囲が狭すぎる ②法律による行政の原理の民主主義的意義からのアプローチが欠落している	法律による授権を必要とする範囲が広すぎ、行政の活動が過度に制約される	授権的行為や、侵害的だが非権力的な行為について、法律による統制が及ばない

ポイント！ ••••••••••••••••••••••••••••••••••

　法律の留保の原則の適用範囲については、国民の権利自由を制限するような行政活動を行うためには法律の根拠が必要とする説が、従来の通説です。

2 ★ 行政組織法等
独任制と合議制

RANK
★★

	定　義	例
独任制	独任制とは、行政庁が1人で意思決定を行う制度をいい、行政庁は、独任制が原則である →多種多様な行政需要に迅速に応え、かつ責任の所在を明確にするため	各省大臣、都道府県知事、市町村長
合議制	合議制とは、行政庁が複数人で構成され、その複数人が話し合いによって意思決定を行う制度をいう ※行政庁は独任制が原則であるが、慎重さが要求される領域や専門技術的な判断を必要とする領域、政治的中立性が要求される領域においては、各界の識者や利害関係人などの合議によって、公正な意思決定を担保する必要がある。したがって、このような領域では、例外として合議制がとられている	独立行政委員会

ポイント 🖉

　行政庁とは、行政主体の法律上の意思を決定し、これを外部に表示する権限をもつ機関をいい、行政庁の意思決定方法として独任制と合議制があります。

3
★ 行政組織法等

公物の成立及び消滅要件

RANK
★★

◎条文と定義

	成立要件	消滅要件
公共用物	①行政主体が、その物の使用権を取得したこと ②その物が、一般国民の利用できる状態であること ③行政主体にその物を公物として公の目的に供する意思があり、行政主体が、その意思を公示すること（公用開始行為） を、原則としてすべて満たす必要がある	原則として、左記①②のいずれかが欠けること、若しくは、行政主体が公用を廃止する意思表示をすること（公用廃止行為）
公用物	行政主体が事実上その使用を開始することで成立し、事実上その使用を廃止すれば消滅する（行政主体の意思表示は不要）	

◎公共用物の使用関係

種　類	意　義	具　体　例
一般使用	許可などを必要とすることなく、誰でも自由に公物を利用することが認められている場合	交通のための公道の使用
許可使用	公物の使用が公共の安全や秩序に影響を及ぼすときなどに、その使用を許可に基づかせる場合	公道でのデモ行進
特許使用	特定の人のために、一般国民には許されない特別の使用を許す場合	電力会社の公道への電柱の設置

ポイント！ ・・・・・・・・・・・・・・・・・・・・・・・・・・・・・

　公用物は、本来行政目的を実現するために供される物です。したがって、基本的に、その利用関係は行政の内部的規律の問題となるにとどまります。

　もっとも、官公庁舎内の売店・食堂の設置・経営などのように、公用物の本来の目的を妨げない限度で、公用物が一般国民の利用に供されることがあります。これを、公用物の目的外使用といいます。

4 ★ 行政作用法
行政裁量 ― 裁量権の逸脱・濫用

RANK ★★

◎各行政行為に関する比較

	許 可	特 許	認 可
種 類	命令的行為	形成的行為	形成的行為
受けずに行った行為の私法上の効力	必ずしも無効ではない（許可制の趣旨による）	無 効	無 効
競願関係	先願主義	自由選択主義	
行政裁量	羈束裁量	自由裁量	自由裁量

ポイント！ ‥‥‥‥‥‥‥‥‥‥‥‥‥‥‥‥‥‥‥‥‥‥‥‥‥‥

　行政行為の中でも、「許可」「特許」「認可」の違いが重要です。

「許可」は、一般的な禁止を解除する行為であり、運転免許の付与などがこれにあたります。

「特許」は、特定の権利や法律関係を設定する行為であり、河川の占用許可などがこれにあたります。

「認可」は、第三者の行為を補充してその法律上の効果を完成させる行為であり、農地の権利移転の許可などがこれにあたります。

5 ★ 行政作用法
行政行為 ― 行政行為の効力

RANK ★★★

種 類	内 容	留意点
公 定 力	仮に違法な行政行為がなされた場合でも、取り消されるまでは有効な行為として扱われる効力	無効な行政行為には発生しない
不可争力	行政行為がなされてから一定期間が経過すると、もはや国民のほうからその効力を、不服申立てや取消訴訟によって争うことができなくなる効力	行政庁自身は、職権で取り消すことができる
自力執行力	行政行為の内容を、行政庁が自力で強制的に実現できる効力	法律の根拠がある場合にのみ認められる
不可変更力	行政庁自身も、もはやその行政行為を取消し・変更できなくなる効力（なお、裁判所は取り消すことができる）	審査請求における裁決などの準司法的な行政行為にのみ認められる

ポイント ！

行政行為には、私人間における法律行為とは異なる特殊な効力があります。まずは公定力をしっかりと押さえてください。

★ 行政作用法

6 行政行為の瑕疵に関する判例

RANK ★★

	判示事項	判　旨
表示の誤記	未墾地買収令書の交付に代わる公告における被買収地の表示の誤記のため、当該買収処分が無効とされた事例	被買収地の表示が第三者の所有地を表示したものとみられ、それが容易に認識できる単純な地番の誤記とはいえないときは、当該公告による買収処分は重大かつ明白な瑕疵を有し無効と解するのが相当である（最判昭40. 8.17）
違法性の承継	買収計画に対する不服申立ての権利を失った場合に、買収処分取消訴訟において買収計画の違法を攻撃することの当否	自作農創設特別措置法に違反した買収計画に基づいて買収処分が行われたときは、所有農地を買収された者は、買収計画に対する不服を申し立てる権利を失った後も、買収処分取消しの訴えにおいて買収計画の違法を攻撃することができる（最判昭25. 9.15）
違法行為の転換	自作農創設特別措置法施行令43条によって定められた農地買収計画を、訴願裁決で同令45条によるものとして維持することの可否	自作農創設特別措置法施行令43条によって定めた農地買収計画を、当該計画に関する訴願裁決で同令45条により買収を相当とし維持することは、違法ではない（最判昭29. 7.19）

行政行為の瑕疵に関する重要な判例です。整理しておきましょう。

★ 行政作用法

7 瑕疵の治癒

(最判 昭47.12.5)

RANK
★★★

第2章 行政法

事 案

　Xが法人税について確定申告をしたところ、Y税務署長から増額更正を受けた。更正通知書には、その理由付記に不備があった。これを不服としたXが、A国税局長に審査請求をしたが、A局長は更正の一部のみを取り消す裁決を下した。

　この裁決の裁決謄本送付通知書には、裁決理由として、更正の余りの部分を維持すべき理由が、更正通知書に記載された理由よりも詳しく記載されていた。Xは、この裁決にも不服であったので、更正処分の取消しを求めて出訴した。

争 点

　青色申告についてした更正処分の理由付記の不備（瑕疵）が、審査裁決において処分理由が明らかにされた場合に、治癒されるか。

結 論

　治癒されない。

ポイント！ ・・・・・・・・・・・・・・・・・・・・・・・・・・・・・・

　県農地委員会が訴願棄却の裁決があることを停止条件として当該買収計画を承認し、県知事が土地所有者に買収令書を発行したという瑕疵は、事後、訴願棄却の裁決があったことによって治癒されたと認めるべきである、とした判例もあります（最判昭36.7.14）。

★ 行政作用法

8 行政上の強制執行の比較

	代執行	執行罰 （間接強制）	直接強制	行政上の 強制徴収
定義	行政上の代替的作為義務（他人が代わってすることができ、かつ、一定の行為が必要な義務）を義務者が履行しない場合に、行政庁が自ら義務者のなすべき行為を行い、または第三者にそれを行わせ、その費用を義務者から徴収する作用	主に、非代替的作為義務（他人が代わって行うことができない作為義務）や不作為義務（○○してはいけないという義務）が履行されない場合に、行政庁が一定の期限を示し、その期限内に義務の履行がなされないときには過料（金銭を支払う罰）を科す旨を予告することで、義務者に心理的圧迫を加え、間接的に義務の履行を強制する作用	義務者が義務を履行しない場合において、行政庁が義務者の身体または財産に強制力を加えて、義務の内容を実現する作用	国民が税金等を納めない場合に強制的に徴収する作用
特徴	義務者に代わって行う	過料を科すことを予告し、義務者に心理的圧迫を加える	義務者の身体、財産に直接強制を加え、義務を履行させる	直接強制の一種

	代執行	執行罰 （間接強制）	直接強制	行政上の 強制徴収
一般法	行政代執行法	な し	な し	な し 国税徴収法の 準用という形 式をとること が多い
義務	代替的作為義務	非代替的作為義務 不作為義務	問わない	金銭債務

ポイント ! ・・・・・・・・・・・・・・・・・・・・・・・・・・・・・・・・・

行政上の強制措置については、以下の図で全体像をイメージして
ください。

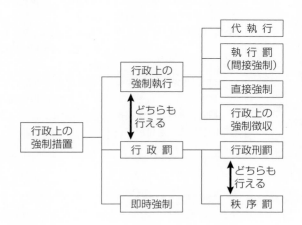

★ 行政作用法

9 附　款

RANK
★★

附款の種類	意　義	具　体　例
条　件	行政行為の効果を、発生不確実な将来の事実にかからせる意思表示	「工事開始より通行止め」（工事は必ず始まるとは限らないので、条件）
期　限	行政行為の効果を、将来発生することの確実な事実にかからせる意思表示	「○月○日より通行止め」（特定の日付は必ずやってくるので、期限）
負　担	許認可などの授益的行政行為に付加される意思表示で、相手方に特別の義務を命ずるもの	「自動車の運転免許を付与するが、眼鏡をかけること」「道路の占用許可の対価として、占用料の納付を命じる」
取消・撤回権の留保	許認可などの行政行為をするにあたって、これを取消し・撤回する権利を留保する旨の意思表示を付加すること	「公物の占有を許可するが、○○○の場合は許可を取り消す」

ポイント！

　行政行為の附款とは、行政行為の効果を制限したり、特別な義務を課すために、行政行為の主たる内容に付加される、付随的な定めのことをいいます。

　まずは、この附款の意義をしっかりと理解したうえで、附款の種類を押さえましょう。

10 ★ 行政作用法
代執行の手順

RANK ★★

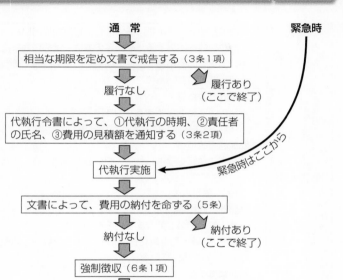

通常

相当な期限を定め文書で戒告する（3条1項）

↓ 履行なし　　⇨ 履行あり（ここで終了）

代執行令書によって、①代執行の時期、②責任者の氏名、③費用の見積額を通知する（3条2項）

↓

代執行実施　　←　緊急時はここから　**緊急時**

↓

文書によって、費用の納付を命ずる（5条）

↓ 納付なし　　⇨ 納付あり（ここで終了）

強制徴収（6条1項）

↓

徴収した費用は、国または地方公共団体の収入となる（6条3項）

ポイント！

　代執行は、この手順で行われます。

　ただし、代執行をする緊急の必要があり、手続をとる暇がないときは、手続の一部が省略されます（3条3項）。

　なお、代執行の実施の際には、執行責任者は、自分が執行責任者であることを示す証票（身分証明書等）を携帯しなければならず、その呈示を求められたときは、呈示しなければなりません（4条）。

11
★ 行政作用法

行政指導

RANK
★★

定　義	行政機関がその任務または所掌事務の範囲内において一定の行政目的を実現するため特定の者に一定の作為または不作為を求める指導、勧告、助言その他の行為であって処分に該当しないものをいう（行政手続法2条6号）
種　類	**(1)規制的行政指導** →私人の活動を規制するものをいう 　（例：違法建築物に対する改修勧告） **(2)助成的行政指導** →私人に情報を提供し、私人の活動を助成するものをいう 　（例：税務相談） **(3)調整的行政指導** →私人間の紛争を解決するものをいう 　（例：建築主と近隣住民との間の紛争の解決・調整のための行政指導）
司法的救済	**(1)行政事件訴訟** →行政指導は、国民に対して直接法的効果を生じさせない事実行為であり、非権力的な行為なので、取消訴訟の対象とならないのが原則 **(2)国家賠償請求訴訟** →行政指導に従ったことによって発生した損害については、国家賠償法1条1項による損害賠償を請求することができる（広義説：判例）

ポイント❗

行政指導も、行政行為と並ぶ行為形式の1つです。

★ 行政作用法

12 行政調査

RANK ★

第2章 行政法

定　義	行政調査とは、行政機関が行政目的を達成するため、質問や立入検査といった情報収集をする行為をいう
種　類	①強制調査 →相手方の意思に反して、義務を課し、または相手方の反抗を実力で排除して行う調査 ②間接的強制調査 →相手方が協力しないときに、罰則を科すことができる調査 ③任意調査 →相手方の任意の協力を得て行う調査
法律上の根拠	強制調査及び間接的強制調査には、法律の根拠が必要であるが、任意調査には、法律の根拠は必要でないと解されている
論　点	憲法35条（令状主義）、38条（黙秘権の保障）の適用の肯否 →憲法38条1項は、「純然たる刑事手続においてばかりではなく、それ以外の手続においても、実質上、刑事責任追及のための資料の取得収集に直接結びつく作用を一般的に有する手続には、ひとしく及ぶ」（川崎民商事件最大判昭47.11.22）

ポイント！

　行政調査は、行政決定を行うための前提となっている行為です。何らかの決定をする前に、調査・情報収集をしているわけです。

　なお、川崎民商事件は、憲法の「人身の自由」の分野でも扱いました。「憲法23　経済的自由・人身の自由　川崎民商事件」を参照してください。行政調査は、私人の身体の自由や財産に一定の制約を課す場合があることから、憲法上の問題が生ずることを確認しておきましょう。

13 ★ 行政作用法
行政立法と通達

◎行政立法

定　義	行政立法とは、行政機関が一般的・抽象的法規範を定立すること、またはそのような作用によって定立された定めをいう
種　類	(1)**法規命令** →国民の権利義務を規律する法規たる性質を有する行政立法 →法律の根拠必要 　①政令・内閣府令・省令・規則 　②委任命令・執行命令 (2)**行政規則** →国民の権利義務を規律する法規たる性質を有しない（行政機関の内部組織のあり方や事務処理手続に関する行政組織内部での）定め →法律の根拠不要 　①告示・訓令・通達など 　②解釈基準・裁量基準・行政指導指針・給付基準

◎通達

定　　義	通達とは、上級行政機関が下級行政機関の権限行使を指揮するために発する命令をいう（国家行政組織法14条2項）
法律の根拠	通達は、行政組織の内部的規範であり、国民を拘束する法規ではないため、法律の根拠は不要である →行政規則の外部化現象
司法的救済	(1)**違法な通達と司法審査** 　→通達は、私人の権利義務を規律するものではないため、「処分」に該当せず、抗告訴訟の対象とならない（判例） (2)**通達による法令解釈と司法審査** 　→裁判所は、法令の解釈適用にあたっては、通達に示された法令の解釈とは異なる独自の解釈をすることができる（判例）

ポイント！ ・・・・・・・・・・・・・・・・・・・・・・・・・・・・・・・・

　行政立法は、行政行為と並ぶ行為形式の1つです。

　まず行政立法の定義を押さえ、それから行政立法の種類を押さえましょう。通達は、行政立法のうちの行政規則にあたります。

14

★ 行政手続法

行政手続上の定義

RANK
★★

◎行政手続上の定義①

用　語	定　　義
法　令	法律、法律に基づく命令（告示を含む）、条例及び地方公共団体の執行機関の規則（規程を含む）をいう
処　分	行政庁の処分その他公権力の行使にあたる行為をいう
申　請	法令に基づき、行政庁の許可、認可、免許その他の自己に対し何らかの利益を付与する処分（以下「許認可等」という）を求める行為であって、当該行為に対して行政庁が諾否の応答をすべきこととされているものをいう
不利益処　分	行政庁が、法令に基づき、特定の者を名あて人として、直接に、これに義務を課し、又はその権利を制限する処分をいう ※ただし、次のいずれかに該当するものを除く 　　イ　事実上の行為及び事実上の行為をするにあたりその範囲、時期等を明らかにするために法令上必要とされている手続としての処分 　　ロ　申請により求められた許認可等を拒否する処分その他申請に基づき当該申請をした者を名あて人としてされる処分 　　ハ　名あて人となるべき者の同意の下にすることとされている処分 　　ニ　許認可等の効力を失わせる処分であって、当該許認可等の基礎となった事実が消滅した旨の届出があったことを理由としてされるもの
行　政機　関	イ　法律の規定に基づき内閣に置かれる機関若しくは内閣の所轄の下に置かれる機関等 ロ　地方公共団体の機関（議会を除く）

◎行政手続上の定義②

用　語	定　　　義
行政指導	行政機関がその任務又は所掌事務の範囲内において一定の行政目的を実現するため特定の者に一定の作為又は不作為を求める指導、勧告、助言その他の行為であって処分に該当しないものをいう
届　　出	行政庁に対し一定の事項の通知をする行為（申請に該当するものを除く）であって、法令により直接に当該通知が義務づけられているもの（自己の期待する一定の法律上の効果を発生させるためには当該通知をすべきこととされているものを含む）をいう
命 令 等	内閣又は行政機関が定める次に掲げるものをいう　イ　法律に基づく命令（処分の要件を定める告示を含む）又は規則　ロ　審査基準　ハ　処分基準　ニ　行政指導指針
審査基準	申請により求められた許認可等をするかどうかをその法令の定めに従って判断するために必要とされる基準をいう
処分基準	不利益処分をするかどうか又はどのような不利益処分とするかについてその法令の定めに従って判断するために必要とされる基準をいう
行政指導指　針	同一の行政目的を実現するため一定の条件に該当する複数の者に対し行政指導をしようとするときにこれらの行政指導に共通してその内容となるべき事項をいう

ポイント ・・・・・・・・・・・・・・・・・・・・・・・・・・・・・・・・・・・・・・

　それぞれ行政手続法2条にある定義です。条文もあわせて読んでおきましょう。

★ 行政手続法
15 行政手続法の適用除外①

RANK
★★★

3条（適用除外）1項
次に掲げる処分及び行政指導については、次章から第4章の2（申請に対する処分、不利益処分、行政指導、処分等の求め）までの規定は、適用しない
① 国会の両院若しくは一院又は議会の議決によってされる処分
② 裁判所若しくは裁判官の裁判により、又は裁判の執行としてされる処分
③ 国会の両院若しくは一院若しくは議会の議決を経て、又はこれらの同意若しくは承認を得た上でされるべきものとされている処分
④ 検査官会議で決すべきものとされている処分及び会計検査の際にされる行政指導
⑤ 刑事事件に関する法令に基づいて検察官、検察事務官又は司法警察職員がする処分及び行政指導
⑥ 国税又は地方税の犯則事件に関する法令（他の法令において準用する場合を含む）に基づいて国税庁長官、国税局長、税務署長、収税官吏、税関長、税関職員又は徴税吏員（他の法令の規定に基づいてこれらの職員の職務を行う者を含む）がする処分及び行政指導
⑦ 学校、講習所、訓練所又は研修所において、教育、講習、訓練又は研修の目的を達成するために、学生、生徒、児童若しくは幼児若しくはこれらの保護者、講習生、訓練生又は研修生に対してされる処分及び行政指導
⑧ 刑務所、少年刑務所、拘置所、留置施設、海上保安留置施設、少年院、少年鑑別所又は婦人補導院において、収容の目的を達成するためにされる処分及び行政指導

⑨	公務員（国家公務員法2条1項に規定する国家公務員及び地方公務員法3条1項に規定する地方公務員をいう）又は公務員であった者に対してその職務又は身分に関してされる処分及び行政指導
⑩	外国人の出入国、難民の認定又は帰化に関する処分及び行政指導
⑪	専ら人の学識技能に関する試験又は検定の結果についての処分
⑫	相反する利害を有する者の間の利害の調整を目的として法令の規定に基づいてされる裁定その他の処分（その双方を名宛人とするものに限る）及び行政指導
⑬	公衆衛生、環境保全、防疫、保安その他の公益にかかわる事象が発生し又は発生する可能性のある現場において警察官若しくは海上保安官又はこれらの公益を確保するために行使すべき権限を法律上直接に与えられたその他の職員によってされる処分及び行政指導
⑭	報告又は物件の提出を命ずる処分その他その職務の遂行上必要な情報の収集を直接の目的としてされる処分及び行政指導
⑮	審査請求、再調査の請求その他の不服申立てに対する行政庁の裁決、決定その他の処分
⑯	⑮に規定する処分の手続又は第3章（不利益処分）に規定する聴聞若しくは弁明の機会の付与の手続その他の意見陳述のための手続において法令に基づいてされる処分及び行政指導

ポイント！・・・・・・・・・・・・・・・・・・・・・・・・・・・・・・・・・・・・

行政手続法3条3項（地方公共団体の機関がする処分等の適用除外）も重要です。以下の表で整理しておきましょう。

処 分	法令を根拠とするもの	適用の対象となる
	条例・規則を根拠とするもの	適用の対象とならない
行政指導	すべて	適用の対象とならない
届 出	法令を根拠とするもの	適用の対象となる
	条例・規則を根拠とするもの	適用の対象とならない
命令等	すべて	適用の対象とならない

16 ★ 行政手続法
行政手続法の適用除外②

4条（国の機関等に対する処分等の適用除外）		
1項	国の機関又は地方公共団体若しくはその機関に対する処分（これらの機関又は団体がその固有の資格において当該処分の名あて人となるものに限る）及び行政指導並びにこれらの機関又は団体がする届出（これらの機関又は団体がその固有の資格においてすべきこととされているものに限る）については、この法律の規定は、適用しない	
2項	次の各号のいずれかに該当する法人に対する処分であって、当該法人の監督に関する法律の特別の規定に基づいてされるもの（当該法人の解散を命じ、若しくは設立に関する認可を取り消す処分又は当該法人の役員若しくは当該法人の業務に従事する者の解任を命ずる処分を除く）については、次章及び第3章（申請に対する処分、不利益処分）の規定は、適用しない	
	①	法律により直接に設立された法人又は特別の法律により特別の設立行為をもって設立された法人
	②	特別の法律により設立され、かつ、その設立に関し行政庁の認可を要する法人のうち、その行う業務が国又は地方公共団体の行政運営と密接な関連を有するものとして政令で定める法人
3項	行政庁が法律の規定に基づく試験等、その他の行政上の事務について当該法律に基づきその全部又は一部を行わせる者を指定した場合において、その指定を受けた者又は職員その他の者が当該事務に従事することに関し公務に従事する職員とみなされるときは、その指定を受けた者に対し当該法律に基づいて当該事務に関し監督上される処分（当該指定を取り消す処分）等については、次章及び第3章（申請に対する処分、不利益処分）の規定は、適用しない	

		次に掲げる命令等を定める行為については、第6章（意見公募手続等）の規定は、適用しない
4項	①	国又は地方公共団体の機関の設置、所掌事務の範囲その他の組織について定める命令等
	②	皇室典範26条の皇統譜について定める命令等
	③	公務員の礼式、服制、研修、教育訓練、表彰及び報償並びに公務員の間における競争試験について定める命令等
	④	国又は地方公共団体の予算、決算及び会計について定める命令等（入札の参加者の資格、入札保証金その他の国又は地方公共団体の契約の相手方又は相手方になろうとする者に係る事項を定める命令等を除く）並びに国又は地方公共団体の財産及び物品の管理について定める命令等（国又は地方公共団体が財産及び物品を貸し付け、交換し、売り払い、譲与し、信託し、若しくは出資の目的とし、又はこれらに私権を設定することについて定める命令等であって、これらの行為の相手方又は相手方になろうとする者に係る事項を定めるものを除く）
	⑤	会計検査について定める命令等
	⑥	国の機関相互の関係について定める命令等並びに地方自治法第2編第11章に規定する国と普通地方公共団体との関係及び普通地方公共団体相互間の関係その他の国と地方公共団体との関係及び地方公共団体相互間の関係について定める命令等（第1項の規定によりこの法律の規定を適用しないこととされる処分にかかる命令等を含む）
	⑦	第2項各号に規定する法人の役員及び職員、業務の範囲、財務及び会計その他の組織、運営及び管理について定める命令等（これらの法人に対する処分であって、これらの法人の解散を命じ、若しくは設立に関する認可を取り消す処分又はこれらの法人の役員若しくはこれらの法人の業務に従事する者の解任を命ずる処分にかかる命令等を除く）

ポイント！ ●

4条の適用除外については、1項をしっかりと押さえつつ、2項以下は一読しておきましょう。

17 申請に対する処分

★ 行政手続法

RANK
★★★

法的義務	努力義務
①標準処理期間を定めた場合の公表	①標準処理期間の設定
②できる限り具体的な審査基準の設定と審査基準の公表（例外あり）	②審査の状況などの情報提供
③申請に対する審査、応答	③公聴会の開催
④申請により求められた許認可等を拒否する場合の理由の提示（原則として同時に、また、書面によるべき場合あり）	④複数行政庁の共同

ポイント！ ・・・・・・・・・・・・・・・・・・・・・・・・・・・・・・・・・・・

　申請に対する処分の手続は、①申請──→審査──→許可（認可その他）、又は、②申請──→審査──→拒否、どちらかの過程をたどります。

　法的義務と努力義務は、よく問われます。

18 ★ 行政手続法
補正についての比較

RANK ★★

第2章 行政法

行政手続法	行政庁は、申請がその事務所に到達したときは遅滞なく当該申請の審査を開始しなければならず、かつ、申請書の記載事項に不備がないこと……その他の法令に定められた申請の形式上の要件に適合しない申請については、速やかに、申請をした者に対し相当の期間を定めて当該申請の補正を求め、又は当該申請により求められた許認可等を拒否しなければならない（7条）
情報公開法	行政機関の長は、開示請求書に形式上の不備があると認めるときは、開示請求をした者に対し、相当の期間を定めて、その補正を求めることができる（4条2項）
行 政 不 服 審 査 法	審査請求が不適法であって補正することができるものであるときは、審査庁は、相当の期間を定め、その期間内に不備を補正すべきことを命じなければならない（23条）
行 政 事 件 訴 訟 法	裁判長は、相当の期間を定め、その期間内に不備を補正すべきことを命じなければならない（7条・民事訴訟法137条1項）

ポイント！ ・・

　各法によって補正に関する要件と効果が異なります。補正を求めなければならないのか、補正を求めることができるのかは、効果として異なるものですので、区別して押さえましょう。

19 ★行政手続法
聴聞手続

定　義	聴聞手続とは、不利益処分のうち、不利益の程度の強い処分に対して保障される手続をいう
聴聞手続を行う場合	①許認可等を取り消す不利益処分 ②名あて人の資格又は地位を直接に剥奪する不利益処分 ③法人役員の解任、業務従事者の解任、会員の除名を命ずる不利益処分 ④①〜③以外で、行政庁が相当と認める不利益処分
手　続	通　知 　→聴聞期日において相手方が十分な意見陳述・書面提出をすることができるようにするため 主宰者 　→処分庁と聴聞主宰者との分離が原則であるが、処分庁の職員が主宰するのが通常である 文書閲覧権 　→文書閲覧権が認められるのは、当事者及び当該不利益処分がされた場合に自己の権利を害されることとなる参加人のみである 意見陳述→聴聞における審理は、原則非公開である 不服申立ての制限 　→聴聞の過程で行われる付随的処分については、行政不服審査法による審査請求をすることができない

ポイント！
　聴聞手続は、営業許可の取消し等、不利益の度合いが大きい場合に用いられます。

20 ★ 行政手続法
聴聞調書と報告書

RANK ★★

	聴聞調書	報告書
作成時期	各期日ごと（審理が行われなかった場合には聴聞の終結後速やかに）	聴聞の終結後速やかに
内　容	①聴聞の審理の経過 ②不利益処分の原因となる事実に対する当事者及び参加人の陳述の要旨	不利益処分の原因となる事実に対する当事者等の主張に、理由があるかどうかについての主宰者の意見
行政庁への提出の要否	○	○
当事者又は参加人の閲覧請求権の有無	○	○
聴聞の再開の際の返戻の有無	×	○
不利益処分の決定の際	行政庁は、聴聞調書の内容及び報告書に記載された主宰者の意見を十分に参酌しなければならない	

ポイント！ ・・・

　聴聞の審理が終わると、主宰者は、聴聞調書と報告書を作成しなければなりません。

　聴聞の行政庁と聴聞主宰者の役割分担を前提としつつ、「不利益処分の原因となる事実」の認定が主宰者によって適正になされることを形式面から担保するためです。

21 ★ 行政手続法
聴聞手続における各主体の権限など

RANK
★★

主体		権限など
行政庁	①	聴聞の通知（15条1項）
	②	主宰者の指名（19条1項）
	③	公開の決定（20条6項）
	④	文書等の閲覧日時・場所の指定（18条3項）
	⑤	聴聞の再開（25条）
	⑥	不利益処分の決定（26条）
当事者	①	代理人の選任（16条1項）
	②	出頭・意見陳述・証拠提出・質問権（20条2項）
	③	補佐人の選任（20条3項）
	④	文書等の閲覧（18条1項、同条2項）
	⑤	陳述書等の提出（21条1項）
	⑥	聴聞調書・報告書の閲覧（24条4項）
	⑦	審査請求の制限（27条）
参加人	①	代理人の選任（17条2項）
	②	出頭・意見陳述・証拠提出・質問権（20条2項）
	③	補佐人の選任（20条3項）
	④	文書等の閲覧（18条1項、同条2項　※ただし、不利益処分により、自己の利益が害される場合のみ）
	⑤	陳述書等の提出（21条1項）
	⑥	聴聞調書・報告書の閲覧（24条4項）
	⑦	審査請求の制限（27条）

主宰者	①	職員に対して説明をさせる義務 (20条1項)
	②	当事者・参加人の質問権・補佐人選任に対する許可 (20条2項、同条3項)
	③	求釈明権 (20条4項)
	④	陳述書等の提示 (21条2項)
	⑤	続行期日の指定 (22条1項)
	⑥	聴聞の終結 (23条など)
	⑦	聴聞調書・報告書の作成・行政庁に対する提出 (24条1項、同条3項)

ポイント！ ・・

聴聞手続について、各主体によって権限が異なります。各主体による違いを押さえましょう。

22 ★ 行政手続法
聴聞手続と弁明の機会の付与との比較

◎聴聞手続と弁明手続との比較

		聴聞手続	弁明手続
共　　通　　点		①処分基準の設定・公表　②証拠提出権 ③理由の提示　④代理人選任権	
相違点	審 理 方 式	原則として口頭	原則として書面
	文 書 閲 覧 権	あ　り	な　し
	参加人の規定	あ　り	な　し

◎聴聞手続と弁明の機会の付与との比較

	聴聞手続	弁明の機会の付与
予定される不利益処分の 内容等の通知	○ (15条)	○ (30条)
処分基準の設定・公表	○ (12条)	○ (12条)
不利益処分の理由の提示	○ (14条)	○ (14条)
代 理 人 の 選 任	○ (16条)	○ (31条、16条)
審 査 請 求 の 制 限	○ (27条)	×
参 加 人 の 関 与	○ (17条)	×
文 書 等 閲 覧 権	○ (18条)	×
陳 述 書 等 の 提 出	○ (21条)	×

ポイント！

　弁明の機会の付与手続は、営業停止処分等、不利益の度合いが比較的小さい場合に用いられます。

23 ★ 行政手続法
申請に対する処分と不利益処分

	申請に対する処分	不利益処分
基準	①行政庁は、審査基準を定めるものとする ②行政庁は、審査基準を定めるにあたっては、許認可等の性質に照らしてできる限り具体的なものとしなければならない ③行政庁は、行政上特別の支障があるときを除き、法令により申請の提出先とされている機関の事務所における備付けその他の適当な方法により審査基準を公にしておかなければならない	①行政庁は、処分基準を定め、かつ、これを公にしておくよう努めなければならない ②行政庁は、処分基準を定めるにあたっては、不利益処分の性質に照らしてできる限り具体的なものとしなければならない

ポイント！ ・・・・・・・・・・・・・・・・・・・・・・・・・・・・・・・

　申請に対する処分と不利益処分は、行政手続法の分野の中でも頻出です。異なる点を中心にしっかりと押さえましょう。

　理由の提示についての規定（申請に対する処分：8条、不利益処分：14条）もあわせて読んでおきましょう。

24 ★ 行政手続法
意見公募手続

RANK

39条（意見公募手続）	
手続原則 （1項）	命令等制定機関は、命令等を定めようとする場合には、 ① i 当該命令等の案（命令等で定めようとする内容を示すものをいう）及び ii これに関連する資料をあらかじめ公示し、 ② i 意見（情報を含む）の提出先及び ii 意見の提出のための期間（以下「意見提出期間」という）を定めて広く一般の意見を求めなければならない
具体性等の **要求（2項）**	前項の規定により公示する命令等の案は、 ①具体的かつ明確な内容のものであって、かつ、 ② i 当該命令等の題名及び ii 当該命令等を定める根拠となる法令の条項が明示されたものでなければならない
期間制限 （3項）	意見提出期間は、同項の公示の日から起算して30日以上でなければならない

ポイント！ ‥‥‥‥‥‥‥‥‥‥‥‥‥‥‥‥‥‥‥‥‥‥‥‥

　命令等制定機関は、命令等が法令の趣旨に適合するようにしなければならず、適正を確保するように努めなければなりません（38条）。

　ここにいう命令等については、行政手続法2条8号で定義されています。

　意見公募手続は、案の作成──案の公示・意見募集──意見を考慮（42条）──命令等の策定──結果の公示（43条）という過程で行われます。

25 情報公開法

★ 行政手続法

RANK ★

◎情報公開法①

目　　的	国民主権の理念にのっとり、行政機関の保有する情報の一層の公開を図り、もって政府の有するその諸活動を国民に説明する責務が全うされるようにするとともに、国民の的確な理解と批判の下にある公正で民主的な行政の推進に資すること		
公開すべき機　　関	国の行政機関　※立法府である国会や司法府である裁判所が保有する情報は対象とならない		
公開の対象	行政文書（原本）　※行政文書には、紙を素材とする文書のみではなく、図画、写真、フィルム、録音テープ、フロッピーディスク、ＣＤ、ＤＶＤなどの電磁的記録も含まれる　※情報公開法施行前の文書も開示請求の対象となる		
	開示請求の対象とならない文書（2条2項）	①官報、白書、新聞、雑誌、書籍その他不特定多数の者への販売を目的として発行されるもの②公文書館や博物館において歴史的、文化的、あるいは学術研究用の資料として特別の管理がなされているもの	
開示請求権者	何人も		
開示請求目的	限定なし		
手　数　料	請求をするだけで費用がかかる		

◎情報公開法②

不 開 示 情 報	①個人に関する情報
	②法人等に関する情報
	③防衛など国の安全にかかわる情報
	④公共の安全・秩序維持に関する情報
	⑤国の機関等の審議・検討等に関する情報
	⑥国の機関等の事務・事業に関する情報

| 個人情報 | 当該情報に含まれている氏名等により特定の個人を識別できる情報(個人識別情報) |
| | 特定の個人を識別することはできないが、公にすることにより、個人の権利利益を害するおそれがある情報 |

個人情報が開示される場面	絶対的開示	法令の規定により、又は慣行として公にされ、又は公にすることが予定されている情報
		人の生命、健康、生活、又は財産を保護するため、公にすることが必要であると認められる情報
		当該個人が公務員等である場合において、当該情報がその職務の遂行にかかる情報であるときは、当該情報のうち、当該公務員等の職及び当該職務遂行の内容にかかる部分
	裁量的開示	公益上特に必要がある場合
	部分開示	原則として、開示可能な部分は開示する義務を負うが、不開示情報を除いた部分に有意の情報がないと認められるときは、開示する必要はない

ポイント！ ・・・・・・・・・・・・・・・・・・・・・・・・・・・・・・・・・・・・・・・

　国民がもっている情報量と、政府・行政がもっている情報量を比べると、後者のほうが多いです。情報公開制度は、前者と後者を近づけようとするものです。国民は、情報公開制度によって得た情報により、主権者としての意思を明確にすることができます。

26 ★ 行政手続法
行政機関個人情報保護法と情報公開法の比較

RANK
★

第2章 行政法

	行政機関個人情報保護法	情報公開法
立法目的	①行政の適正かつ円滑な運営 ②個人の権利利益の保護	①政府の有するその諸活動を国民に説明する責務を全うすること ②公正で民主的な行政の推進に資すること
公開すべき機関	行政機関	
請求の対象物	保有個人情報 （ただし、行政文書に記録されているものに限る）	行政文書 （官報などを除く）
請求権者	自然人	自然人・法人 その他の団体
請求権の内容	開示請求 訂正請求 利用停止請求	開示請求
不服申立て	情報公開・個人情報保護審査会への諮問を経由	

ポイント

行政機関個人情報保護法は、主に一般知識等科目にて出題される法律ですが、情報公開法と比較して押さえましょう。

27 ★ 行政救済法
行政救済法の体系①

RANK ★★

	審査請求	行政事件訴訟
法 律	行政不服審査法	行政事件訴訟法
審理機関	行政機関	裁判所 （通常の司法裁判所）
審理対象	違法・適法の判断 不当・妥当の判断	違法・適法の判断のみ
手 続	簡易・迅速・公正 書面審理主義 職権探知主義	慎重・公正 口頭審理主義 弁論主義
執行停止	執行不停止の原則（申立て・職権）	執行不停止の原則（申立てのみ） 執行停止の申立てに対する内閣総理大臣の異議
教示制度	あり	あり
要 件	①処分又は不作為が存在すること ②不服申立適格 ③権限を有する行政庁 ④不服申立期間 ⑤形式と手続の遵守	①行政庁の処分その他公権力の行使にあたる行為があること ②原告適格 ③訴えの利益 ④被告適格 ⑤出訴期間 ⑥（審査請求前置）
効 果	①却下裁決 ②認容裁決 ③棄却裁決 ④事情裁決	①却下判決 ②認容判決 ③棄却判決 ④事情判決

28 ★ 行政救済法
行政救済法の体系②

RANK ★★

	種　類	申立期間、出訴期間	
行政不服審査法	審査請求	①処分があったことを知った日の翌日から起算して3か月以内 ②処分について再調査の請求をしたときは、当該再調査の請求についての決定があったことを知った日の翌日から起算して1か月以内	処分（再調査の請求についての決定）があった日の翌日から起算して1年を経過したときは、することができない
	不作為についての審査請求	審査請求期間の制限なし	
行政事件訴訟法	取消訴訟	処分又は裁決があったことを知った日から6か月以内	処分又は裁決の日から1年を経過したときは提起不可
	無効等確認訴訟 不作為の違法確認 義務付けの訴え 差止めの訴え	出訴期間の制限なし	

29 ★ 行政不服審査法
審査請求・再調査の請求・再審査請求

RANK ★★

	審査請求	再調査の請求	再審査請求
請求先等	①処分庁等（処分庁又は不作為庁）に上級行政庁がない場合 →当該処分庁等 ②処分庁等が主任の大臣若しくは宮内庁長官若しくは内閣府設置法49条1項若しくは2項若しくは国家行政組織法3条2項に規定する庁の長である場合 →当該処分庁等 ③宮内庁長官又は内閣府設置法49条1項若しくは2項若しくは国家行政組織法3条2項に規定する庁の長が処分庁等の上級行政庁である場合 →宮内庁長官又は当該庁の長 ④主任の大臣が処分庁等の上級行政庁である場合（上記②③の場合を除く） →当該主任の大臣 ⑤上記①～④以外の場合 →当該処分庁等の最上級行政庁	①行政庁の処分につき処分庁以外の行政庁に対して審査請求をすることができる場合において、法律に再調査の請求をすることができる旨の定めがあるときに限り、処分庁に対して再調査の請求をすることができる →列挙主義 ②当該処分について審査請求をしたときは、再調査の請求をすることができない	行政庁の処分につき法律に再審査請求をすることができる旨の定めがある場合に限り、当該法律の定める行政庁に対して再審査請求をすることができる →列挙主義

★ 行政不服審査法

30 執行不停止の原則

RANK ★★

第2章 行政法

原　則	執行不停止の原則とは、審査請求は、処分の効力、処分の執行又は手続の続行を妨げないという原則をいう
例　外	(1)**必要的執行停止** →審査請求人から執行停止の申立てがあった場合において、処分の効力、処分の執行又は手続の続行から生ずる重大な損害を避けるため緊急の必要があると認めるとき ※ただし、公共の福祉に重大な影響を及ぼすおそれがあるとき、又は本案について理由がないとみえるときは、この限りでない (2)**任意的執行停止** ①審査庁が処分庁の上級行政庁又は処分庁である場合 →必要があると認めるときは、審査請求人の申立て又は職権で、処分の効力、処分の執行又は手続の続行の全部又は一部を停止、その他の措置をすることができる ②審査庁が処分庁の上級行政庁又は処分庁のいずれでもない場合 →必要があると認めるときは、審査請求人の申立てにより、処分庁の意見を聴いたうえで、執行停止をすることができる ※ただし、処分の効力、処分の執行又は手続の続行の全部又は一部の停止以外の措置をとることはできない

ポイント ・・

　「**43**　行政事件訴訟法　執行不停止の原則」とも比較して押さえてください。行政事件訴訟法でも執行不停止の原則があります。

31 ★ 行政不服審査法
裁決・決定の種類

種　類	意　　　義
却下**裁決** （却下**決定**）	不服申立てが不服申立要件を欠き不適法であるときに、本案審理を拒否する裁決（決定）
棄却**裁決** （棄却**決定**）	不服申立てに理由がないとして不服申立てを退ける裁決（決定）
事情**裁決**	処分を取り消し又は撤廃することにより公の利益に著しい障害を生ずる場合において、一定の要件の下に、請求を棄却する裁決 ※事情裁決をする場合には、審査庁は、裁決の主文で、当該処分が違法又は不当であることを宣言しなければならない
認容**裁決** （認容**決定**）	不服申立てに理由があるときに、不服申立てを認容する裁決（決定）

ポイント！ ・・

　裁決とは、審査請求又は再審査請求に対する審査庁の裁断行為をいいます。

　一方、決定とは、再調査の請求に対する処分庁の裁断行為をいいます。

★ 行政不服審査法

32 認容裁決（決定）の内容①

第2章 行政法

審査庁	審査庁が処分庁又は不作為庁の上級行政庁の場合	審査庁が処分庁又は不作為庁の場合	審査庁が処分庁又は不作為庁の上級行政庁でも処分庁又は不作為庁でもない場合
処分についての審査請求の認容	①当該処分の全部若しくは一部を取り消し、又はこれを変更する（不利益変更は禁止） ②法令に基づく申請を却下し、又は棄却する処分の全部又は一部を取り消す場合、当該処分庁に対し、一定の処分をすべき旨を命ずる	①当該処分の全部若しくは一部を取り消し、又はこれを変更する（不利益変更は禁止） ②法令に基づく申請を却下し、又は棄却する処分の全部又は一部を取り消す場合、一定の処分をする	当該処分の全部若しくは一部を取り消す

★ 行政不服審査法

33 認容裁決(決定)の内容②

RANK
★★

審査庁	審査庁が処分庁又は不作為庁の上級行政庁の場合	審査庁が処分庁又は不作為庁の場合	審査庁が処分庁又は不作為庁の上級行政庁でも処分庁又は不作為庁でもない場合
事実上の行為についての審査請求の認容	当該事実上の行為が違法又は不当である旨を宣言するとともに、当該処分庁に対し、当該事実上の行為の全部若しくは一部を撤廃し、又はこれを変更すべき旨を命ずる(不利益変更は禁止)	当該事実上の行為が違法又は不当である旨を宣言するとともに、当該事実上の行為の全部若しくは一部を撤廃し、又はこれを変更する(不利益変更は禁止)	当該事実上の行為が違法又は不当である旨を宣言するとともに、当該処分庁に対し、当該事実上の行為の全部若しくは一部を撤廃すべき旨を命ずる
不作為についての審査請求の認容	①当該不作為が違法又は不当である旨を宣言する②当該不作為庁に対し、一定の処分をすべき旨を命ずる	①当該不作為が違法又は不当である旨を宣言する②一定の処分をする	当該不作為が違法又は不当である旨を宣言する

34 ★ 行政不服審査法
教示制度

◎教示制度

定　義	教示とは、行政庁が処分をするにあたって、相手方に対して、不服申立ての方法を教え示すことをいう
趣　旨	権利救済の機会の喪失の防止
教示をなすべき場　合	(1)不服申立てをすることができる処分を書面でする場合 (82条1項) (2)利害関係人から教示を求められた場合 (82条2項) (3)裁決に対して再審査請求が可能である場合 (50条3項)
内　容	**(1)不服申立てをすることができる処分を書面でする場合** 　①不服申立てをすることができる旨 　②不服申立てをすべき行政庁 　③不服申立てをすることができる期間 **(2)処分の相手方又は利害関係人から教示を求められた場合** 　①当該処分が不服申立てをすることができる処分かどうか 　②不服申立てをすべき行政庁 　③不服申立てをすることができる期間 **(3)裁決に対して再審査請求が可能である場合** 　①再審査請求をすることができる旨 　②再審査請求をすべき行政庁 　③再審査請求をすることができる期間
方　法	(1)書面による処分の場合は、書面でしなければならない (2)利害関係人が書面による教示を求めたときは、書面でしなければならない

◎教示の懈怠(けたい)・教示の誤り

教示の懈怠	
定　義	教示の懈怠とは、行政庁が、教示義務に違反して教示をしなかった場合をいう
救済措置	処分について不服のある者は、当該処分庁に不服申立書を提出することができる（83条1項） →不服申立書には、19条所定の事項（5項1号及び2号を除く。）を記載しなければならない →当該処分が処分庁に対して審査請求をすることができるものであった場合、不服申立書が提出されたときは、初めから当該処分庁に審査請求又は当該法令に基づく不服申立てがされたものとみなされる →当該処分が処分庁以外の行政庁に対し審査請求をすることができる処分であった場合、処分庁は、速やかに、当該不服申立書を当該行政庁に送付しなければならない →不服申立書が送付されたときは、初めから当該行政庁に審査請求又は当該法令に基づく不服申立てがされたものとみなされる
教示の誤り	
定　義	教示の誤りとは、行政庁の教示に誤りがあった場合をいう
救済措置	誤った行政庁を審査庁として教示した場合 →教示された行政庁に書面で審査請求がされたときは、当該行政庁は、速やかに、審査請求書を処分庁又は審査庁となるべき行政庁に送付し、かつ、その旨を審査請求人に通知しなければならない →処分庁に審査請求書が送付されたときは、処分庁は、速やかに、これを審査庁となるべき行政庁に送付し、かつ、その旨を審査請求人に通知しなければならない

35 不服申立期間のまとめ

★ 行政不服審査法

RANK
★★★

	審査請求	再調査の請求	再審査請求
1か月 以内	当該処分について再調査の請求をしたときは、当該再調査の請求についての決定があったことを知った日の翌日から起算		原裁決があったことを知った日の翌日から起算
3か月 以内	処分があったことを知った日の翌日から起算	処分があったことを知った日の翌日から起算	
1年 以内	処分（当該処分について再調査の請求をしたときは、当該再調査の請求についての決定）があった日の翌日から起算	処分があった日の翌日から起算	原裁決があった日の翌日から起算

ポイント！

　いつからなのか、どれくらいの期間なのか、何度も繰り返して覚えてしまいましょう。

36 ★ 行政事件訴訟法
取消訴訟の対象

処分性肯定	処分性否定
①行政行為	①法律・命令・条例の制定
②国民の自由を拘束する権力的・継続的な事実行為	②行政契約
③不服申立てに対する裁決・決定	③行政指導（原則）
	④通達
④行政代執行法の戒告	⑤ごみ焼却場の設置処分
⑤（旧）関税定率法の輸入禁制品該当の通知	⑥国有財産の売渡し
⑥土地区画整理事業計画	⑦道路交通法による反則金納付の通告
⑦第2種市街地再開発事業における事業計画決定	⑧建築許可に対する消防長の同意拒否
	⑨運輸大臣（当時）が日本鉄道建設公団に対して行った成田新幹線工事実施計画の認可
⑧供託官の供託金取戻請求に対する却下処分	⑩都市計画法上の用途地域の指定
⑨土地区画整理組合の設立の認可	⑪住民票に世帯主との続柄を記載する行為
⑩市町村営土地開発事業の施行の認可	⑫地区計画の決定
⑪所得税法に基づく税務署長の納税の告知	⑬地方議会での議決
	⑭検察官の起訴・不起訴
⑫地方議会議員の除名処分	⑮都市計画法に基づく開発許可の前提としての公共施設管理者の同意の拒否

ポイント！ ••

　この表は、取消訴訟の対象となるかならないかの具体例です。処分性肯定ならば取消訴訟の対象となり、処分性否定ならば取消訴訟の対象となりません。押さえておきましょう。

37 ★ 行政事件訴訟法
土地区画整理事業の事業計画の処分性 (最大判 平20.9.10)

RANK ★★

事　案

　Y（浜松市）は、本件土地区画整理事業を計画した。Yは、土地区画整理法に基づき、静岡県知事に対して、本件土地区画整理事業の事業計画において定める設計の概要について認可を申請し、同知事から認可を受けた。

　Yは、土地区画整理法に基づき、本件土地区画整理事業の事業計画の決定を行い、公告がなされた。Xらは、本件土地区画整理事業は公共施設の整備改善及び宅地の利用増進という法所定の事業目的を欠くなどと主張して、本件事業計画の取消しを求めた。

争　点

　土地区画整理事業の事業計画が取消訴訟の対象となる処分にあたるか。

結　論

　あたる。

ポイント❶

　最高裁は、この判例で、「市町村の施行に係る土地区画整理事業の事業計画の決定は、施行地区内の宅地所有者等の法的地位に変動をもたらすものであって、抗告訴訟の対象とするに足りる法的効果を有するものということができ、実効的な権利救済を図るという観点から見ても、これを対象とした抗告訴訟の提起を認めるのが合理的である」と述べています。

① ／ ② ／

38 「法律上の利益」とは何か

★ 行政事件訴訟法

RANK ★★★

	法律上保護された利益説（判例、通説）	法的な保護に値する利益説
結論	法律上保護された利益をもって、「法律上の利益」と解する	法的な保護、つまり裁判上の保護に値すると考えられる利益をもって、「法律上の利益」と解する
批判	現実の紛争、特に環境や開発計画をめぐる現代型行政訴訟に対応しきれていない	①9条1項の文言が「法律上の利益」としていることから、立法趣旨からはみ出す ②原告適格の判定についての明確な判定基準を見出し得ないから、訴えの利益の認定が解釈者の恣意に流れるおそれがある

ポイント！

行政事件訴訟法9条1項「法律上の利益」の解釈についての論点です。

行政事件訴訟法は、「法律上の利益」を有する者にだけ、原告適格を認めています。

原告適格とは、取消訴訟において処分性が認められた場合にその処分の取消しを求めて出訴することのできる資格のことです。

★ 行政事件訴訟法

39 小田急高架化事件

(最大判 平17.12.7)

RANK ★★

事 案

東京都は、当時の建設大臣Yにより決定されていた都市計画について、小田急線を高架化する本件鉄道事業に変更することにした。また、東京都は、本件鉄道事業に関連して、付属街路事業を行うことにした。東京都は、Yから本件鉄道事業と本件付属街路事業について、都市計画事業としての認可を受けた。

本件鉄道事業が行われる区間の地権者は全員買収に応じた。しかし、その高架部分の土地の隣に建設される付属街路部分の土地所有者及び沿線住民であるXらは、本件鉄道事業による騒音や振動により、健康で快適な生活が害されるとして、Yに対して、本件都市計画事業認可の取消しを求めた。

争 点

都市計画事業の認可等に対する取消訴訟に関して、事業地内の地権者以外の周辺住民に原告適格は認められるか。

結 論

一定の場合には認められる。

ポイント🖉

最高裁は、この判例で、周辺住民のうち「著しい被害を直接的に受けるおそれのある者は、……その取消訴訟における原告適格を有する」と述べています。

★ 行政事件訴訟法

40 保安林指定解除と訴えの利益

(最判 昭57.9.9)

RANK
★★
★★

事 案

　Y（農林水産大臣）は、北海道にある保安林の指定を自衛隊の施設等にするとの理由により解除した。

　そこで、住民Xらは、自衛隊の施設建設という理由は、森林法26条2項の「公益上の理由」に該当せず、本件指定解除処分は違法な処分であるとして、その取消しを請求した。

争 点

　保安林指定解除処分によって洪水や渇水の防止上の利益が侵害されていたのが、代替施設の設置によって洪水や渇水の危険が解消された場合、当該解除処分を取り消す狭義の訴えの利益は認められるか。

結 論

　認められない。

ポイント！ ・・・

　訴えの利益に関しては、以下の判例も重要です。

　土地改良事業の施行認可処分に基づく工事及び換地処分がすべて完了したため、原状回復が「社会的、経済的損失の観点からみて、社会通念上、不可能であるとしても、右のような事情は、行政事件訴訟法31条の適用に関して考慮されるべき事柄であって、本件認可処分の取消しを求める……法律上の利益を消滅させるものではない」（最判平4.1.24）。

41 ★ 行政事件訴訟法
釈明処分の特則—訴訟参加

RANK ★★★

第2章 行政法

概　要	裁判所は、行政庁に対し、 ①処分又は裁決の理由を明らかにする資料の提出を求めること（23条の2第1項） ②審査請求にかかる事件の記録の提出を求めること（同条第2項） ができるようになった
趣　旨	取消訴訟における訴訟関係を明瞭にし、審理を充実、迅速化させるため早期の段階で処分又は裁決の理由を明らかにすることが必要であるという認識に基づき、民事訴訟法の釈明処分の特則を定めたものである
効　果	釈明処分がなされても、行政庁の側に資料・記録を提出・送付すべき法的義務が課されるわけではなく、したがって、提出・送付を拒んでも制裁が科されることはない

ポイント

　釈明処分の特則は、裁判所から行政庁に対して行われるものです。国民の側に対しては行われませんから注意してください。また、釈明処分の特則とあわせて、弁論主義、職権証拠調べ（24条）も押さえておきましょう。弁論主義とは、当事者の主張と証拠に基づいて審理を行うことです。

　行政事件訴訟法の手続については、第三者の訴訟参加（22条）と行政庁の訴訟参加（23条）も読んでおきましょう。

★ 行政事件訴訟法

42 判決の種類

RANK ★★

種　類		意　　義
却下**判決**		訴えが訴訟要件を欠いている場合に、訴えを不適法として却下する判決 ※本案について何ら判断をしていないのであるから、これによって処分の適法性が確定するわけではない
本案判決	棄却**判決**	処分の取消しを求める請求に理由がないとして、請求を排斥する判決
	事情**判決**	処分を取り消すことにより公の利益に著しい障害を生ずる場合において、一定の要件の下に、請求を棄却する判決（31条1項） ※事情判決をする場合には、判決の主文において、当該処分又は裁決が違法であることを宣言しなければならない ※訴訟費用は、被告である行政側が負担する ※事情判決に不服がある場合には、原告・被告ともに上訴することができる
	認容**判決**	処分の取消しを求める請求に理由があると認めて、処分を取り消す判決

まずは、却下判決と本案判決の違いを押さえましょう。

＜審理の流れ＞

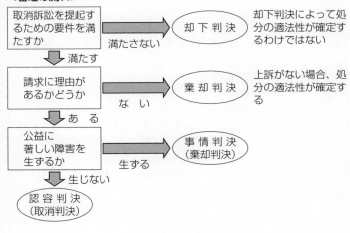

取消訴訟を提起するための要件を満たすか

満たさない → 却下判決

却下判決によって処分の適性性が確定するわけではない

↓満たす

請求に理由があるかどうか

ない → 棄却判決

上訴がない場合、処分の適法性が確定する

↓ある

公益に著しい障害を生ずるか

生ずる → 事情判決（棄却判決）

↓生じない

認容判決（取消判決）

★ 行政事件訴訟法

43 執行不停止の原則

RANK ★★

原　則	執行不停止の原則とは、処分の取消しの訴えの提起は、処分の効力、処分の執行又は手続の続行を妨げないという原則をいう
例　外	**(1)執行停止の要件** ①本案訴訟の提起 　→本案訴訟が適法に係属していることが必要 ②重大な損害を避けるため緊急の必要があること 　→平成16年改正において、従来の「回復困難な損害」という規定を「重大な損害」に変更した ③公共の福祉に重大な影響を及ぼすおそれがあるときに該当しないこと ④本案について理由がないと見えるときに該当しないこと 　→原告の主張に明らかに理由がないといえるような場合のみを排除する趣旨 **(2)執行停止の効果** 　→執行停止の決定の確定により、処分の効力、処分の執行又は手続の続行の全部又は一部が停止される **(3)執行停止の取消し** 　→執行停止の決定が確定した後に、その理由が消滅し、その他事情が変更したときは、裁判所は、相手方の申立てにより、決定をもって、執行停止の決定を取り消すことができる

ポイント！

「**30**　行政不服審査法　執行不停止の原則」と比較して押さえてください。行政不服審査法でも執行不停止の原則があります。

44 ★ 行政事件訴訟法
判決の効力（取消訴訟の場合）

RANK
★★

第2章 行政法

種 類	意 義 な ど
既判力	取消訴訟の当事者及び裁判所が、後の訴訟において、同一事実について、判決の内容と矛盾する主張や判断を行うことが否定される（裁判の蒸し返しを防ぐ効力） 認容判決（取消判決）の場合：当該処分の**違法性**が確定する 棄却判決の場合：当該処分の**適法性**が確定する
形成力	処分の取消判決があると、処分の効力は遡及的に消滅し、初めから当該処分がなかったのと同様の状態がもたらされる
拘束力	当事者である行政庁や関係行政庁を拘束する ※認容判決があると、処分庁は、同一事情・同一理由で同一内容の処分をなし得なくなる ※棄却判決には、拘束力は認められない
対世的効力	取消判決の効力が、訴訟当事者**以外**の第三者に対しても及ぶ

ポイント！ ・・

　既判力は、行政事件訴訟法7条・民事訴訟法114条・115条に規定されています。

　拘束力については行政事件訴訟法33条1項に、対世的効力は同32条1項に規定されています。

45

★ 行政事件訴訟法

無効等確認の訴え

RANK

★★

定　義	無効等確認の訴えとは、処分若しくは裁決の存否又はその効力の有無の確認を求める訴訟をいう
趣　旨	行政処分につき、取消訴訟における出訴期間又は不服申立前置の制約を外された救済手続（時機に後れた取消訴訟）
要　件	**(1)原告適格** 　①予防的無効確認訴訟 　　→当該処分又は裁決に続く処分により損害を受けるおそれのある者 　②補充的無効確認訴訟 　　→その他当該処分又は裁決の無効等の確認を求めるにつき法律上の利益を有する者 　　→当該処分若しくは裁決の存否又はその効力の有無を前提とする現在の法律関係に関する訴えによって目的を達することができないもの **(2)被告適格** 　→取消訴訟を準用 **(3)出訴期間** 　→な　し

ポイント！

　行政事件訴訟法36条もあわせて読んでおきましょう。

　具体例としては、課税処分を受けていまだ当該課税処分にかかる税を納付していない者は、課税処分の無効確認を求める訴えを提起することが挙げられます（最判昭51.4.27）。予防的無効確認訴訟の具体例です。

★ 行政事件訴訟法

46 不作為の違法確認の訴え

RANK
★★

第2章 行政法

定 義	不作為の違法確認訴訟とは、行政庁が法令に基づく申請に対し、相当の期間内に何らかの処分又は裁決をすべきであるにもかかわらず、これをしないことについての違法の確認を求める訴訟をいう
要 件	**(1)原告適格** →処分又は裁決についての申請をした者 →「申請をした者」とは、現実に申請をした者であり、申請の適法・不適法は問わない **(2)相当期間の経過** →行政庁が申請に対し、「相当の期間内」に処分又は裁決を行わないこと →相当の期間経過の有無は、その処分をなすに通常必要とする期間を基準として判断し、通常の所要期間を経過した場合には、原則として違法となり、ただ当該期間を経過したことを正当とするような特段の事情がある場合には違法たることを免れる（判例） →行政手続法6条により、申請に対する処分に関する標準処理期間が設定されている場合、その経過が直ちに「相当の期間」の経過と解することはできないが、裁判所による判断の重要な要素となる **(3)出訴期間** →取消訴訟の準用なし

ポイント! ・・・・・・・・・・・・・・・・・・・・・・・・・・・・・・・・・・・・・・

行政事件訴訟法37条もあわせて読んでおきましょう。

47 ★ 行政事件訴訟法
義務付け訴訟

RANK ★★

意　義	一定の場合において公権力の行使の発動を求める訴訟であり、特定の公権力の行使を求めるものである
類　型	①行政庁が一定の処分をすべきであるにもかかわらずこれがなされないとき（3条6項1号） ②行政庁に対し一定の処分又は裁決を求める旨の法令に基づく申請又は審査請求がされた場合において、行政庁が処分又は裁決をすべきであるにもかかわらずこれがなされないとき（3条6項2号）

要　件	3条6項1号の訴え（非申請型義務付け訴訟） (37条の2第1項)	次の2つの要件を満たす必要がある ①一定の処分がなされないことにより重大な損害を生じるおそれがあること ②その損害を避けるために他に適当な方法がない場合であること
	3条6項2号の訴え（申請型義務付け訴訟） (37条の3第1項)	次のいずれかの要件を満たす必要がある ①法令に基づく申請又は審査請求に対し、相当期間内に何らの処分又は裁決がなされないこと ②法令に基づく申請又は審査請求を却下し又は棄却する旨の処分又は裁決がなされた場合において、当該処分又は裁決が取り消されるべきものであり、又は無効若しくは不存在であること

ポイント

義務付け訴訟は、平成20年度と30年度に記述式問題で出題されています。

48 差止訴訟

★ 行政事件訴訟法

RANK ★★

第2章 行政法

定　義	行政庁が一定の処分又は裁決をすべきでないにもかかわらず、これがなされようとしている場合において、行政庁がその処分又は裁決をしてはならない旨を命ずることを求める訴訟をいう
訴訟要件	(1)重大な損害を生ずるおそれがある場合（積極的要件） 　→「重大な損害」という規定は、非申請型義務付け訴訟と同様であり、解釈基準も基本的には同様である (2)損害を避けるため他に適当な方法がない場合（消極的要件） 　→非申請型義務付け訴訟の規定とは異なり、ただし書として定められている (3)行政庁が一定の処分又は裁決をしてはならない旨を命ずることを求めるにつき法律上の利益を有すること（原告適格） 　→「法律上の利益」の有無については、取消訴訟の原告適格の判断基準と同じ解釈基準による
本案勝訴要件	行政庁がその処分・裁決をすべきでないことがその処分・裁決の根拠となる法令の規定から明白である場合、又は、行政庁がその処分・裁決をすることが、裁量権の逸脱・濫用にあたる場合

ポイント！

　行政事件訴訟法37条の4もあわせて読んでください。

　なお、仮の義務付け及び仮の差止めについても押さえておきましょう（行政事件訴訟法37条の5）。

133

★ 行政事件訴訟法

49 当事者訴訟

RANK ★

	形式的当事者訴訟	実質的当事者訴訟
定義	当事者間の法律関係を確認し又は形成する処分又は裁決に関する訴訟で、法令の規定によりその法律関係の当事者の一方を被告とするものをいう	公法上の法律関係に関する確認の訴え、その他の公法上の法律関係に関する訴訟をいう
趣旨等	行政庁の処分・裁決の効力を争うという点で抗告訴訟としての実質を有するにもかかわらず、法令の規定により、当事者訴訟の形式をとるもの	平成16年の法改正で、実質的当事者訴訟の中に、「公法上の法律関係に関する確認の訴え」が新たに例示されたことにより、抗告訴訟だけでなく、当事者訴訟としての確認訴訟を、国民の権利利益の実効的救済のために有効的に活用することが望まれる
具体例	土地収用に関する収用委員会の裁決について、損失補償額に争いがある場合、土地所有者と起業者との間で当事者訴訟を提起させる仕組み（土地収用法133条3項）等	①公務員の俸給・手当の請求 ②公務員の地位確認の訴え等

ポイント！ ・・・・・・・・・・・・・・・・・・・・・・・・・・・・・・・・

当事者訴訟とは、抗告訴訟とは異なり、権利主体が対等な立場で権利関係を争う訴訟形態です。

★ 行政事件訴訟法

RANK ★★

50 教示制度

教示が必要な場合	内　　容
取消訴訟を提起することができる処分又は裁決を行う場合（46条1項）	①取消訴訟の被告とすべき者 ②出訴期間 ③審査請求に対する裁決を経なければ取消訴訟を提起できない旨の定めがある場合には、その旨 ※処分を口頭でするときは、教示する必要はない
原処分ではなく裁決に対してのみ取消訴訟を認める裁決主義の場合で、当該原処分を行うとき（46条2項）	裁決主義が採用されている旨 ※処分を口頭でするときは、教示する必要はない
形式的当事者訴訟の場合（46条3項）	①被告とすべき者 ②出訴期間 ※処分を口頭でするときは、教示する必要はない

ポイント❗ ・・・

　行政事件訴訟法における教示制度の趣旨は、国民が行政処分を争うために取消訴訟等を利用しようとする場合に、わかりやすさやアクセスの容易さを図ることにあります。

　行政不服審査法の「**34　行政不服審査法　教示制度**」と比較して押さえておきましょう。

51 ★ 行政事件訴訟法
行政事件訴訟と行政不服申立てとの比較

RANK ★★

		行政事件訴訟	行政不服申立て
共　通　点		ともに行政行為の効力を争う方法で、職権証拠調べが認められている	
相違点	審理する機関	裁判所	審査庁等
	審理の対象	違法な行政行為	違法・不当な行政行為
	行政行為を変更できるか	できない	できる
	職権で執行停止できる場合があるか	な　い	あ　る
	手続の特徴	口頭での審理が原則	書面審理が原則

ポイント

行政事件訴訟も行政不服申立ても、行政行為の効力を争う方法です。比較して押さえておくとよいでしょう。

52

★ 国家賠償法
民法と国家賠償法との比較
—国家賠償法1条の法的性質

RANK ★★

	民 法	国家賠償法1条	国家賠償法2条
関 係	一般法	民法の特別法	民法の特別法
民法等が適用される場合	不法行為等により生じた債権を受働債権とする相殺の禁止（民法509条） 精神的損害に対する慰謝料（710条） 近親者に対する損害賠償（711条） 責任弁識能力を欠く者の責任（713条） 共同不法行為（719条） 金銭賠償の原則、過失相殺（722条） 不法行為による損害賠償請求権の消滅時効（724条） 失火責任法等		
使用者、国・公共団体の免責	免責される可能性あり	な し	な し
費用負担者の責任	規定なし	あ り	あ り

ポイント！

民法の特別法であるということは、国や地方公共団体の不法行為については、まず国家賠償法が適用されるということです。

なお、国家賠償法に規定のない過失相殺や時効期間等については、民法の規定が適用されます（国家賠償法4条）。

53 ★ 国家賠償法
国家賠償法1条に関する判例

RANK ★★

	判示事項	判　旨
交通犯罪捜査	都道府県警察の警察官がいわゆる交通犯罪の捜査を行うについて違法に他人に加えた損害と、国の国家賠償法1条1項による賠償責任の有無	都道府県警察の警察官がいわゆる交通犯罪の捜査を行うにつき違法に他人に加えた損害については、国は、原則として、国家賠償法1条1項による賠償責任を負わない（最判昭54.7.10）
「職務を行うについて」の範囲	国家賠償法1条にいう、公務員が職務を行うについて違法に他人に損害を加えた場合にあたるものとされた事例	巡査が、専ら自己の利を図る目的で、制服着用の上、警察官の職務執行を装い、被害者に対し不審尋問の上、犯罪の証拠物名義でその所持品を預かり、しかも連行の途中、これを不法に領得するため所持の拳銃で同人を射殺したときは、国家賠償法1条にいう、公務員がその職務を行うについて違法に他人に損害を加えた場合にあたるものと解すべきである（最判昭31.11.30）

ポイント！

　国家賠償法では、必ず判例が出題されます。とはいってもすべての判例を押さえることはできません。ですから、重要な判例に絞って押さえましょう。

★ 国家賠償法

54 宅建業者の監督と国家賠償責任

（最判 平元.11.24）

RANK ★★★

事 案

　A会社は、京都府知事より宅建業者の免許を取得し、その更新を受けた。A会社の実質的経営者Bが不正な不動産取引をしたため、A会社と取引をしたXは損害を被った。そこで、Xは、A会社の代表取締役Cに対して損害賠償請求訴訟を提起した。

　また、Y（京都府）に対して、本件免許の付与・更新をしたこと、及びA会社に対する業務停止処分・取消処分等の規制権限の行使を懈怠したことが違法であると主張して、国家賠償請求訴訟を提起した。

争 点

　知事が宅地建物取引業者に対し、業務停止処分、ないし免許取消処分をしなかったことが、国家賠償法1条1項の適用上違法の評価を受けるか。

結 論

　具体的事情の下において、著しく不合理と認められるときでない限り、国家賠償法1条1項の適用上違法の評価を受けない。

ポイント

　公務員の不作為は、一般的には違法とはなりません。ですが、法令上具体的な作為義務を負う公務員による権限不行使が著しく不合理であると認められるときは、その不作為は違法となります。

55 ★ 国家賠償法
国家賠償法2条に関する判例

RANK
★★★

	判示事項	判　旨
校庭開放中の事故	幼児が、テニスの審判台に登り、その後部から座席部分の背当てを構成している左右の鉄パイプを両手で握って降りようとしたために転倒した審判台の下敷きになって死亡した場合において、設置管理者が損害賠償責任を負わないとされた事例	審判台には、本来の用法に従って使用する限り、転倒の危険がなく、この幼児の行動が当該審判台の設置管理者の通常予測し得ない異常なものであったなどの事実関係の下においては、設置管理者は、当該事故につき、国家賠償法2条1項所定の損害賠償責任を負わない（最判平5.3.30）
国家賠償責任と失火責任法	公権力の行使にあたる公務員の失火と、失火の責任に関する法律の適用	公権力の行使にあたる公務員の失火による国又は公共団体の損害賠償責任については、失火の責任に関する法律が適用される（最判昭53.7.17）

ポイント！ ・・・・・・・・・・・・・・・・・・・・・・・・・・・・・・・・・・・・・

　国家賠償法において、判例は必ず出題されますから、重要なものに絞ってしっかりと押さえてください。

56 ★ 地方公共団体の組織
憲法と地方自治との対比

第2章　行政法

	憲　　法	地方自治法
民　主　制	間接民主制が、原則 直接民主制は、例外 ・憲法改正（96条） ・地方自治特別法（95条） ・最高裁判所裁判官の国民 　審査（79条2項～4項）	間接民主制が、原則 直接民主制も多く採用 ・住民投票制度 ・直接請求制度 ・長の公選制等
国会・議会	最高機関 唯一の立法機関	最高機関 唯一の立法機関ではない
国会・議会 と内閣・長 との関係	・権力分立 ・議院内閣制 ・解散権あり ・不信任決議（緩やか）	・議会と長とは対等 ・首長制（長の公選制） ・解散権あり（制限あり） ・不信任決議（厳格）
司法機関	裁判所	な　し
議員の特権	議員の特権あり	議員の特権なし

ポイント！・・

　憲法は、国の統治について定めています。また、地方自治法は、地方公共団体の統治について定めています。

　両者とも、立法、行政の2つの作用があります。しかし、地方公共団体の統治には、司法（裁判所）はありません。

普通地方公共団体	**(1)都道府県** →都道府県とは、市町村を包括する広域的な地方公共団体をいう **(2)市町村** →市町村とは、住民の日常生活に必要な公共役務を提供する基礎的な地方公共団体をいう
特別地方公共団体	**(1)特別区** →特別区とは、東京都の23区のことをいう 　※平成24年に「大都市地域における特別区の設置に関する法律」が制定され、道府県においても、所定の実体的・手続的要件を満たせば特別区を設置することが可能になった →市町村と同様の性格をもち、基礎的な地方公共団体と位置づけられ、原則として市に関する規定が適用される **(2)地方公共団体の組合** →地方公共団体の組合とは、複数の地方公共団体が一部、又は全部の事務を共同処理するために設ける団体をいい、 ①一部事務組合 ②広域連合 の2種類がある **(3)財産区** →財産区とは、市町村又は特別区の一部で財産を有し、若しくは公の施設を設けるものをいう

58 ★ 地方公共団体の組織
大都市の比較

RANK ★★

第2章 行政法

	指定都市	中核市
指定要件	人口50万人以上	人口20万人以上
指定手続	政令によって指定	①総務大臣が、市からの指定を求める申出（市議会の議決、都道府県の同意が必要）を経て政令案を立案する ②その後、政令によって指定される
事務配分の特例	都道府県が処理する事務のうち、①民生行政 ②保健衛生 ③都市計画 に関する事務等を処理する	指定都市が処理することができる事務のうち、政令で定めるものを処理できる
都道府県の関与	都道府県知事の許可等の処分や指示等を要しない	都道府県知事の指示等を要しない ※指定都市とは異なり、許可等に関する特例はない
行 政 区	設置義務がある（条例で区に代えて総合区を設けることができる）	設置できない

ポイント！ ●

　平成26年の地方自治法改正により、中核市制度と特例市制度が統合され、中核市の指定要件が「人口30万以上」から「人口20万以上」に変更されるとともに、特例市制度が廃止されました。

★ 地方公共団体の組織

59 一部事務組合と広域連合

RANK ★★

	一部事務組合	広域連合
構　成	都道府県・市町村・特別区 ただし、複合的一部事務組合の場合は、市町村・特別区	
目　的	事務の一部の共同処理	①広域的行政需要に適切、かつ効率的に対応 ②国からの権限委譲の受け皿
事務権限の委任	できない	①国又は都道府県は、広域連合に対して権限・事務の委任ができる ②都道府県の加入する広域連合は、国に対して、その他の広域連合は、都道府県知事に対して、権限・事務の委任を要請できる
直接請求直接選挙	できない	できる
設立の方法	都道府県が加入するものについては、総務大臣の許可、加入しないものについては、都道府県知事の許可を必要とする	
解散の方法	総務大臣などに届出	総務大臣などの許可

ポイント 🖉 ･･････････････････････････････

　一部事務組合とは、複数の地方公共団体が、その事務の一部を共同して処理するために設けられるものです。

　広域連合とは、広域計画を作成して必要な連絡調整や事務処理を行う組合です。

60 直接請求

★ 住民の直接参政制度

第2章 行政法

要 件	種 類	請求先	請求後の対応
有権者の 50分の1 以上の連署	条例の制定・改廃請求※1	長	①長は、20日以内に議会を招集し、意見を付けて付議する ②結果を代表者に通知し公表する
	事務の監査請求	監査委員	監査後、結果を公表
有権者の 3分の1 以上の連署 ※2	議会の解散請求	選挙管理委員会	①選挙人の投票（住民投票）を行う ②過半数の同意があれば、解散・失職する
	議員の解職請求		
	長の解職請求		
	役員の解職請求	長	議会において3分の2以上の議員が出席し、4分の3以上の同意があれば、失職する

※1：地方税の賦課徴収、分担金・使用料・手数料の徴収に関する条例については、請求できない
※2：平成24年の法改正により、有権者の3分の1以上という署名数要件は、算定の基礎となる有権者総数が40万から80万の部分については6分の1、80万を超える部分については8分の1にそれぞれ緩和されている

ポイント！ ･･････････････････････････････････････

　地方の政治は、地域住民の利害に深くかかわるものが多いです。そこで、住民の直接的なコントロールの余地を広く認めたわけです。

★ 住民の直接参政制度

61 住民監査請求

RANK ★★★

定 義	住民監査請求とは、住民が地方公共団体の執行機関又は職員の財務会計上の違法又は不当な行為又は職務を怠る事実について、監査委員に監査を求め、その行為又は怠る事実について、予防又は是正の措置を求めるものをいう
請求権者	当該地方公共団体の「住民」 →国籍、選挙権、納税の有無を問わない →1人で請求することもできる
請求対象	①違法・不当な「財務会計上の行為」 　→公金の支出、財産の取得・管理・処分、契約の締結・履行、債務その他の義務の負担 ②違法・不当な「怠る事実」 　→公金の賦課・徴収、財産の管理を怠る事実
請求内容	①違法・不当な「財務会計上の行為」の事前防止又は事後是正 ②違法・不当な「怠る事実」を改める措置 ③違法・不当な「財務会計上の行為」「怠る事実」によって生じた損害の補塡のため必要な措置 　→監査委員は、請求に理由があると認めるときは、長その他の執行機関又は職員に対して、期間を示して必要な措置を講ずることを勧告する
請求手続	請求は、正当な理由がない限り、怠る事実を除きその行為のあった日から1年を経過したときはすることができない

ポイント！ ━━━━━━━━━━━━━━━━━━━━━━━━━

　住民監査制度（地方自治法242条）によって、住民は地方公共団体の活動を監視することができます。

62 ★ 住民の直接参政制度
住民訴訟

RANK ★★★

第2章 行政法

定　義	住民訴訟とは、住民監査請求を行った請求人が、監査の結果等に不服があるとき、又は監査委員が一定の期間内に監査等を行わない等のときに、執行機関等の財務会計上の違法な行為又は怠る事実について、行為の差止め、取消し等を、裁判所に請求する制度をいう（地方自治法242条の2）
出訴適格	訴訟の対象となる行為又は怠る事実について住民監査請求を経た住民（監査請求前置主義）で、以下に該当する場合 ①監査委員の監査結果又は勧告に不服があるとき ②議会・長等の措置に不服のあるとき ③監査委員が監査請求があった日から60日以内に監査若しくは勧告を行わないとき ④監査委員の勧告を受けた議会・長等が必要な措置を講じないとき
請求類型	(1)差止めの請求（地方自治法242条の2第1項1号） (2)取消し又は無効確認の請求（同2号） (3)怠る事実の違法確認請求（同3号） (4)当該職員又は当該行為若しくは怠る事実にかかる相手方に損害賠償又は不当利得返還の請求をすることを当該普通地方公共団体の執行機関又は職員に対して求める請求（同4号）

ポイント🖉 ・・・・・・・・・・・・・・・・・・・・・・・・・・・・・・・・・

　住民訴訟は、個人の権利利益に関する具体的な紛争を前提とせず、ただ住民であるという資格において訴訟提起をすることができるとするものです。

63 ★ 地方公共団体の機関
議会の委員会

	常任委員会	議会運営委員会	特別委員会
設置方法	条例で設けることが可能	条例で設けることが可能	事件ごとに条例で設けることが可能
在任期間 選任方法	議会で定める		
権 限	その部門に属する事務に関する、調査、議案・陳情等の審査、議案の提出	議会の運営に関する事項の調査、議案・陳情等の審査、議案の提出	付議された事件の審査、議案の提出
公聴会の開催等	①予算その他重要な議案、陳情等について公聴会を開き、真に利害関係を有する者又は学識経験を有する者等から意見を聴くことができる ②必要があると認めるときは、参考人の出頭を求め、その意見を聴くことができる		
閉会中の審査	議会の議決により付議された特定の事件については、閉会中も、なお、これを審査することができる		

ポイント！ ···

　地方公共団体の事務内容には、専門的知識が問われるようになってきています。そのため、委員会が設けられ、本会議に先立って、事件を分けてそれぞれの専門的な見地から審査を行います。

★ 地方公共団体の機関

64 長の専決処分

RANK
★★
★★

第2章 行政法

	要 件	処分後の所要措置
法律の規定による (179条1項)	①議会が成立しないとき ②定足数に関する特別規定（地方自治法113条ただし書）によってもなお、議会が開会できないとき ③普通地方公共団体の長において議会の議決すべき事件について特に緊急を要するため議会を招集する時間的余裕がないことが明らかであると認めるとき ④議会が、議決すべき事件を議決しないとき	次の議会に報告し、承認を受ける必要がある ※もっとも、承認がなくても、法律上専決処分の効力に影響はない
議会の委任による (180条1項)	議会の権限に属する軽易な事項で、議決により特に指定したもの	次の議会に報告する（承認は不要）

ポイント

　長の専決処分とは、法律上、議会によって議決又は決定すべき事項とされているにもかかわらず、長が、議会の議決又は決定を経ないで、処分することをいいます。

65 ★ 地方公共団体の機関
外部監査制度

RANK ★★

定　義	外部監査とは、監査委員とは別の外部の専門家が契約に基づいて監査を行うものをいう →外部監査を実施するためには、実施が政令で義務づけられている都道府県、指定都市、中核市の包括外部監査を除き、条例で定める必要がある
外部監査契約の締結者	普通地方公共団体の財務管理、事業の経営管理、その他行政運営に関し優れた識見を有する、①弁護士、②公認会計士、③税理士、④政令で定める監査に関する実務に精通している行政事務従事者
種　類	(1)包括外部監査 　毎会計年度ごとに契約を締結し、外部監査人が自己の識見に基づき特定の事件を監査するものをいう 　※なお、この契約は、連続して4回以上同一人と契約することができない (2)個別外部監査 　個別の事項ごとに契約を締結し、法律で限定列挙されている事項を監査するものをいう 　①住民が事務監査請求に際して求めた場合、②議会が求めた場合、③長が求めた場合、④長が、財務援助団体に対し求めた場合、⑤住民が住民監査請求に際し求めた場合
監査委員との関係	監査委員と外部監査人は、基本的には並立的な立場で監査を行う →外部監査人は、監査を実施する際、監査委員と相互の連絡を図り、監査委員の監査の実施に支障をきたさないように配慮しなければならない

以下の図で、監査制度の全体像を押さえておきましょう。

監査委員制度は必置機関ですから、外部監査制度を設けたからといって監査委員制度を廃止することはできません。

なお、**監査委員**は、①地方公共団体の財務に関する事務の執行及び地方公共団体の経営にかかる事業の管理を監査（財務監査）する権限と、②地方公共団体の事務の執行について監査（行政監査）する権限を有しています。

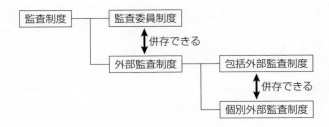

---

66 ★ 地方公共団体の機関
行政委員(会)

RANK ★★

	共通して置く	どちらかに置く
都道府県	教育委員会 選挙管理委員会 人事委員会(公平委員会) 監査委員	公安委員会 労働委員会 収用委員会 海区漁業調整委員会 内水面漁場管理委員会
市町村		農業委員会 固定資産評価審査委員会

ポイント！

　行政委員会とは、複数の委員からなる合議制の機関（執行機関）です。行政委員は、原則として、単独で職務を行う独任制の機関（執行機関）です。

★ 国と地方公共団体の関係等

67 地方公共団体に対する国等の関与①

RANK ★★

第2章 行政法

定　義	地方公共団体に対する国の関与とは、地方公共団体に事務の処理に関し国の行政機関が行う以下の内容の行為をいう
基本類型	①助言又は勧告　　　　⑤許可・認可又は承認 ②資料の提出の要求　　⑥指示 ③是正の要求　　　　　⑦代執行 ④同意　　　　　　　　⑧協議
基本原則	**(1)法定主義の原則**（地方自治法245条の2） 　→関与は法律又はこれに基づく政令の根拠が必要であるという原則をいう **(2)一般法主義の原則**（245条の3～245条の8） 　→関与の一般的ルールを地方自治法に規定するという原則をいう 　①比例原則 　　→関与は、その目的を達成するために必要最小限度のものとする 　②自主性・自立性 　　→関与においては、地方公共団体の自主性・自立性に配慮しなければならない **(3)公正・透明の原則**（247条～250条の6） 　→関与に関する手続について、書面の交付、許可・認可等の審査基準や標準処理期間の設定・公表などを定める原則をいう

ポイント！

基本類型というのは、国が地方公共団体に関与する形態の類型のことです。

68

★ 国と地方公共団体の関係等

地方公共団体に対する国等の関与②

RANK
★★

国地方係争処理委員会の組織	設　置	総務省に設置される
	人　数	5人（両議院の同意を得て総務大臣が任命、任期3年） ※3人以上が同一の政党等に属してはならない ※非常勤が原則だが、2人までは常勤可
	委員長	委員会の互選で決める
	定足数	委員長と委員2人以上の出席がなければ、会議を開くことができない
	決議要件	出席者の過半数（可否同数のときは、委員長が決する）
審査の対象となる国の関与		①是正の要求、許可の拒否その他国の公権力の行使としての関与 　※ただし、代執行手続における指示や代執行行為などは対象外となる ②国の不作為 ③国との協議が調わないとき
審査の申出	期　限	原則として、関与があった日から30日以内 　※不作為や協議にかかる審査の申出については、期間制限の規定はない
	申出の方法	あらかじめ当該関与を行った国の行政庁に通知した上で、国地方係争処理委員会に審査を申し出る
審査方法	審査期限	審査申出があった日から90日以内
	方　法	関係行政機関を手続に参加させる、証拠調べ（参考人の意見陳述、検証、鑑定、書類等の提出等）をする等

ポイント！ ・・・・・・・・・・・・・・・・・・・・・・・・・・・・・・・・・・・・・

　国地方係争処理委員会とは、普通地方公共団体に対する国の関与についての争いを処理する組織をいいます。

第 3 章

民 法

1

★ 権利の主体

失踪宣告

RANK

★★

定 義	失踪宣告とは、不在者の生死不明の状態が継続した場合に、一定の条件の下に裁判所が失踪の宣告をし、その者を死亡したものとみなして、その者をめぐる法律関係を安定させる制度をいう
趣 旨	法律関係の早期確定
要 件	①普通失踪：最後の音信の時から数えて7年間生死が不明な場合（30条1項） 　特別失踪：危難が去った時から1年間生死が不明な場合（同条2項） ②利害関係人（配偶者、相続人、受遺者、保険金受取人等）の請求（cf. 検察官含まず） ③裁判所の宣告
効 果	もとの住所を中心とする私法上の法律関係は失踪者が死亡したのと同じ扱い 　→相続開始（882条）、再婚ができるようになる

ポイント！ ・・・・・・・・・・・・・・・・・・・・・・・・・・・・・・・・・・・

　普通失踪と特別失踪の効果、特にいつから死亡したものとみなされるのかには注意してください。

　普通失踪の場合、失踪宣告を受けた者は、7年間の期間の満了の時に、死亡したものとみなされます。

　他方、特別失踪の場合、失踪宣告を受けた者は、危難が去った時に、死亡したものとみなされます（31条）。

2 ★ 権利の主体

失踪宣告の取消し

RANK ★★

第3章 民法

定　義	失踪宣告の取消しとは、失踪宣告を受けた者が生存していることや、失踪宣告により死亡とみなされていた時とは異なる時期に死亡していたことが判明しても当然には失踪宣告の効果は失われないので、家庭裁判所による失踪宣告の取消しを求める制度をいう	
要　件	①失踪者の生存、または死亡とみなされた時と異なる時期に死亡していることが判明 ②本人または利害関係人による宣告取消しの請求	
効　果	原則	失踪宣告は失効、失踪宣告はなかったのと同じに扱われる
	例外	①善意で、失踪宣告によって直接財産を得た者は、その取消しにより権利を失うが、「現に利益を受けている限度」で返還すれば足りる（32条2項） 　cf. 悪意者は、全額と利息を返還しなければならない（704条） ②失踪宣告後その取消し前に「善意でした行為」は、取消しにもかかわらずその効力を妨げられない（32条1項後段）。当事者双方に善意を要求する ※一方配偶者が失踪宣告を受けた場合の他方配偶者の婚姻は、一方または双方が悪意であれば重婚状態となり、前婚については離婚原因（770条1項5号）、後婚については取消原因（744条、732条）となる。

ポイント⏻

消費してなくなった場合（遊興費にあてた場合等）には、現存利益はなく、生活費、借金の返済等にあてた場合は、現存利益があります。

3 ★ 権利の主体
行為能力・制限行為能力者

RANK ★★★

定　義	行為能力とは、単独で確定的に有効な意思表示をなし得る能力をいう 制限行為能力者とは、行為能力を制限されている者をいう
趣　旨	制限行為能力者の定型的・画一的な保護
制限行為能力者の種類	①未成年者（5条） ②成年被後見人（7条） ③被保佐人（11条） ④被補助人（15条1項）
制限行為能力者の行為	制限行為能力者の意思表示は、一般的に取り消し得る 　→取消権行使の効果 　　①遡及的無効（121条） 　　②制限行為能力者の現存利益の返還（121条の2第3項後段）
制限行為能力者の相手方の保護	①制限行為能力者の詐術（21条） ②相手方の催告権（20条） ③追認の擬制（125条） ④取消権の短期消滅時効（126条）

ポイント！ ・・・

　まず、この表で制限行為能力者制度の全体像を押さえましょう。

RANK

4

★ 権利の主体

保護者の権限

制限行為能力者	保護者	取消権	同意権	追認権	代理権
未成年者	親権者 未成年後見人	○	○	○	○
成年被後見人	成年後見人	○	×	○	○
被保佐人	保佐人	○	○	○	○※
被補助人	補助人	○	○※	○	○※

※本人の同意が必要

第3章 民法

成年後見人には、同意権がないことに注意してください。

5 ★ 権利の主体
制限行為能力者の相手方の保護

相手方の保護		権利の内容	
制限行為能力者の詐術		制限行為能力者が詐術を用いたときは、取り消すことはできなくなる（21条）	
催告権	内容	相手方は、制限行為能力者側に対して、1か月以上の期間内に追認するか否かを確答すべき旨を催告できる（20条）	
	確答がない場合	催告の相手方	確答がない場合の効果
		保護者	単独で追認し得る行為 →追認 特別の方式を要する行為 →取消し
		能力を回復した後の本人	追認
		被保佐人 被補助人	取り消したものとみなされる
		未成年者 成年被後見人	催告自体に意味がない

ポイント❶ --

「制限行為能力者が詐術を用いたとき」というのは、「制限行為能力者が行為能力者であることを信じさせるため詐術を用いたとき」です（21条）。

6 意思表示

★ 意思表示

RANK
★★★

	当事者間の効力	善意の第三者に対抗できるか
心裡留保	原則：有効 例外：無効	×
通謀虚偽表示	無効	×
錯誤	取り消すことができる （原則、表意者善意無重過失）	×※
詐欺	取り消すことができる	×※ （取消前に現れた者に対して） →取消後に現れた者との関係は177条で処理
強迫	取り消すことができる	○ （取消前に現れた者に対して） →取消後に現れた者との関係は177条で処理

※第三者が保護されるには、善意の他に無過失も必要

第3章 民法

ポイント！

　この表で意思表示の全体像を押さえましょう。

　「善意の第三者に対抗できる」というのは、当事者間の効力が無効の場合に、第三者に対して無効を主張できるということです。

　民法改正により、錯誤の効果が無効から取消しに変更されたことや、錯誤・詐欺において第三者が保護されるためには、善意の他に無過失も必要とする点には注意が必要です。

7 ★意思表示
転得者の地位

善意の第三者Cからの悪意の転得者Dは、94条2項で保護されるか。

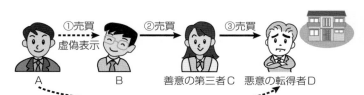

①売買 虚偽表示　②売買　③売買

A　B　善意の第三者C　悪意の転得者D

	絶対的構成	相対的構成
結論	転得者は、悪意者でも保護される	転得者は、悪意者では保護されない
理由	①善意の第三者の下で権利が確定し、転得者はその地位を承継する ②法律関係の早期安定	問題となっている者ごとの善意・悪意により、有効・無効を判断すべきである
批判	悪意者が善意者を「わら人形」として介在させることによって、保護を受けるのは、具体的衡平に反する	権利を失った転得者は、善意の第三者に追奪担保責任を追及でき、94条2項による保護の実質を失ってしまう

ポイント！ •

94条2項の「第三者」とは、虚偽表示の当事者及びその包括承継人以外の者で、虚偽表示に基づいて新たに独立の法律上の利害関係を有するに至った者をいいます（判例）。

絶対的構成が判例・通説の立場です。

★ 意思表示

8 動機の錯誤

RANK
★★

<table>
<tr><td>定　義</td><td>動機の錯誤とは、表意者が法律行為の基礎とした事情についてその認識が真実に反することを知らなかったことをいう</td></tr>
<tr><td>要　件</td><td>①表意者が法律行為の基礎とした事情についての認識が真実に反すること（95条1項2号）
②その錯誤が法律行為の目的及び取引上の社会通念に照らして重要なものであること（95条1項柱書）※1
③①の事情が法律行為の基礎とされていることが表示されていたこと（95条2項）※2
④表意者に重大な過失がないこと</td></tr>
<tr><td>効　果</td><td>取り消すことができる（95条1項柱書）
善意でかつ過失がない第三者に対抗することができない（95条4項）※3</td></tr>
</table>

第3章　民法

※1：「重要」とは、その点について錯誤がなかったならば表意者は意思表示をしなかったであろうし、一般人もそのような意思表示をしなかったであろう場合に認められる（判例）
※2：基礎事情の「表示」は、黙示的な表示であってもよい（判例）。また、「表示されていた」とは、判例によると、基礎事情が意思表示の内容になっていたという意味であると解される
※3：「第三者」とは、錯誤による取消しの前に出現した第三者をいう

ポイント！

　民法改正により、錯誤規定に大幅な改正がなされました。まず、動機の錯誤が明文化されました（95条1項2号、2項）。また、表意者に重過失がある場合にも、錯誤取消しを行える場合について規定がなされました（同条3項）。条文を確認しておきましょう。

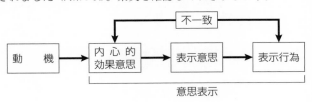

★ 代理

9 任意代理·法定代理

		任意代理		法定代理	
		本　人	代理人	本　人	代理人
代理権の消滅原因 （○が消滅）	死　亡	○	○	○	○
	破　産	○	○	×	○
	後見開始	×	○	×	○
	解約告知	○			
復任権の存否 （復代理人を選ぶ権利）	原則：復任権なし 例外： 　①本人の許諾を得たとき 　②やむを得ない事情があ 　　るとき			常にあり	
復代理人を選任した 場合の代理人の責任	本人・代理人間の代理権授 与契約の債務不履行とし て、債務不履行の一般規定 （415条）によって処理され る			原則：全責任 例外： 　やむを得ない 　事由があると 　き、選任及び 　監督上の責任 　を負う	

ポイント！ ・・

　任意代理は、本人の意思に基づいて代理権が生じる場合です。他
方、法定代理は、本人の意思ではなく、法律の規定に基づいて代理
権が生じる場合です。

10 代理

★ 代理

RANK ★★★

	代 理	使 者
定 義	代理人が本人のためにすることを示して、本人の名において相手方に対して意思表示をし、また相手方から意思表示を受けることによって、その法律効果を直接本人に帰属させる制度	本人の決定した効果意思を相手方に表示し（表示機関）、または完成した意思表示を伝達する（伝達機関）者
意思表示の決定	代理人	本 人
意思能力	必 要	不 要
行為能力	不 要（102条本文）	不 要
意思の不存在	代理人基準	本人基準
復 任	一定の制限の下に認められる	原則として許される
責 任	無権代理人の責任（117条）	な し

ポイント！ ･･････････････････････････････････････

　代理と似たものに使者があります。代理の場合は、意思決定は代理人が行いますが、使者の場合は本人が行います。

　なお、代理人が自己または第三者の利益を図る目的で代理権の範囲内の行為をした場合において、相手方がその目的を知り、または知ることができたときは、その行為は、代理権を有しない者がした行為とみなされます（107条）。

11 ★代理 本人の無権代理人相続
(最判 昭37.4.20)

RANK ★★

事案

Aは、Yを代理する権限がないにもかかわらず、Yの代理人として、Y所有の本件建物をXに売り渡した。その後、Aが死亡して、YがAを相続した。Xが、Yに対して、本件建物の所有権移転登記手続等を請求する訴えを提起した。

争点

本人が無権代理人を相続した場合、無権代理人の行為の効力はどうなるか。

結論

本人が無権代理人を相続した場合、被相続人の無権代理行為は、当該相続により当然には有効となるものではない。

ポイント！

判例は、無権代理人が本人を単独相続した場合、無権代理人の地位と本人の地位が融合し、相続により無権代理行為が当然に有効となるとしています。

★ 代理

RANK
★★★

12 無権代理の相手方の催告権

第3章 民法

方　法	内　　容	相手方の主観的要件
催 告 権	①本人に対して、相当の期間を定めて、その期間内に追認するかどうかを確答すべき旨を催告することができる ②本人がその期間内に確答しないときは、追認を拒絶したものとみなされる	善意・悪意を問わない
取 消 権	相手方は、本人が追認するまでは無権代理人と締結した契約を取り消すことができる	善　意
無権代理人に対する責任追及	無権代理人に対して、履行の請求か損害賠償請求のどちらかを請求することができる[※1] →無権代理人が制限行為能力者であるときは、この責任追及はできない	善意・無過失[※2]

※1：表見代理は、無権代理の一種であり、表見代理責任と無権代理責任は併存する。すなわち、表見代理が成立する場合にも、相手方は、無権代理人に対する責任を追及することができる。無権代理人は、表見代理の成立を理由に、相手方に対して自己が無権代理人としての責任を負わないと主張することはできない（判例）

※2：ただし、無権代理人自身が代理権を有しないことを知っていたときは、たとえ相手方に過失があったとしても、無権代理人への責任追及が認められる（117条2項2号ただし書）

ポイント

　無権代理の場合、相手方がとり得る法的手段は4つあります。

　①催告権、②取消権、③無権代理人に対する責任追及、④表見代理です。

　他方、無権代理の場合、本人がとり得る法的手段には、追認があります（113条）。追認がされると、原則として、契約の時に遡ってその効力が生じます（116条本文）。

13 ★ 代理
表見代理

RANK ★★

要　件	**(1)代理権授与の表示による表見代理（109条1項）の要件** ①他人に代理権を与えた旨を表示したこと ②代理権を授与された旨表示された人が、表示を受けた第三者と表示された代理権の範囲内で代理行為をしたこと ③相手方の善意無過失 **(2)権限外の表見代理（110条）の要件** ①基本代理権の存在 ②代理人の権限逸脱行為 ③その権限ありと信ずべき正当の理由（善意無過失） **(3)代理権消滅後の表見代理（112条1項）の要件** ①かつて存在していた代理権が代理行為当時には消滅していたこと ②かつて存在した代理権の範囲内で代理行為がされたこと ③相手方が、代理権の消滅について善意無過失であること
効　果	本人は代理行為の効果帰属を拒むことができない ①相手方は、表見代理を主張せずに無権代理人の責任を追及することもできる（117条） ②相手方は取消権を行使することもできる（115条） ③本人は追認して完全に有権代理と同じものとすることができる（113条）

ポイント！ ....

　表見代理とは、本人と無権代理人との間に、外観的に、相手方をして代理権の存在を信じさせるだけの特別の事情がある場合に、有権代理と同様の効果を生じさせる制度をいいます。

14 条件

★ 条件・期限・期間

RANK ★★

定　義	条件とは、法律行為の効力の発生または消滅を、将来の成否不確定な事実にかからせる、という内容の意思表示をいう
種　類	①停止条件：法律行為の効力の発生に関する条件 　　例：「合格したら奨学金をあげるよ」 ②解除条件：法律行為の効力の消滅に関する条件 　　例：「落第したら奨学金の給付をやめるよ」
要　件	①成否不確定な将来の事実に関するものであること ②条件に親しむ行為であること ③条件として認められない事柄でないこと
効　果	①停止条件の成就→法律行為の効力が生ずる ②解除条件の成就→法律行為は効力を失う ③原則として条件成就の時に発生し、遡及しない（127条1項、同条2項）→当事者の意思により遡及効を与えることができる（同条3項） ④条件の成就の妨害（130条1項） 　→条件が成就することによって不利益を受ける当事者が、故意にその条件を妨げたときは、相手方は、その条件が成就したものとみなすことができる ⑤不正による条件の成就（130条2項） 　→条件成就によって利益を受ける者が、不正に条件を成就させた場合、相手方は、条件が成就しなかったものとみなすことができる

ポイント！

　条件と似ているものに、期限があります。期限とは、法律行為の効力の発生・消滅または債務の履行を、将来到来することが確実な事実の発生にかからせるところの法律行為の付款をいいます。

15 ★ 時効
時効制度

RANK ★★

定　義	時効とは、ある事実状態が一定期間継続することにより、それを尊重して、その事実状態に即した権利関係を確定し得るとする制度をいう
種　類	①消滅時効　②取得時効
趣　旨	①永続した事実状態の尊重 ②権利関係の立証の困難の救済 ③「権利の上に眠るものは保護に値せず」
時効制度と類似する制度・原則	(1)除斥期間 　→権利行使期間であって、一定の期間内に権利の行使をしないと権利が消滅するもの 　　①盗品遺失物回復請求権（193条）の行使期間（2年間） 　　②占有保持・回収の訴え（201条1項、3項）の提起期間（1年） (2)権利失効の原則 　→信義に反して長く権利行使をしないでいると、信義則上、その権利の行使が阻止されるという原則

ポイント！ ・・・・・・・・・・・・・・・・・・・・・・・・・・・・・

　時効、除斥期間、権利失効の原則はそれぞれ異なります。ですから、これらの違いを意識して押さえておきましょう。

　時効、除斥期間においては、数字が出てきます。条文で数字を確認しておきましょう。

16 時効利益の放棄

★ 時効

RANK ★★

定 義	時効の利益の放棄とは、時効完成後にその利益を放棄することをいう
要 件	①時効完成後であること ②時効完成を知っていること ③処分のための能力や権限のあること
効 果	①放棄の相対効 　→放棄した者に限って援用権を失う ②放棄後の時効 　→放棄後には、再び新たな時効の進行が始まる（判例）
論 点	①時効完成前の放棄 　→146条により無効 　→時効の完成を困難にする特約は無効 ②時効完成後の自認行為（債務の弁済） 　→時効完成を知っていた場合：黙示的な放棄 　→時効完成を知らなかった場合：信義則上、援用できない 　（最大判昭41.4.20）

ポイント！

　時効完成を知らないで債務の存在を認める自認行為がなされた場合に、債務者の時効援用が信義則上許されないのは、相手方が債務者はもはや時効を援用しないだろう、との期待を抱くからです。

17 ★ 時効
消滅時効と履行遅滞の起算点

RANK ★★★

	消滅時効の客観的起算点	履行遅滞の起算点
確定期限の定めのある債権	期限到来時	期限到来時（412条1項）
不確定期限の定めのある債権	期限到来時	債務者が履行の請求を受けた時または期限到来を知った時のいずれか早い時（412条2項）
期限の定めのない債権（703条等）	債権成立時	催告時（412条3項）
停止条件付債権	条件成就時	条件成就後債権者が履行請求した時
債務不履行による損害賠償請求権	本来の債権について履行請求できる時（判例）	催告時（期限の定めのない債権）
契約解除による原状回復請求権	契約解除時（判例）（解除で成立する債権）	催告時（期限の定めのない債権）
返還時期の定めのない消費貸借	債権成立後、相当期間経過後	催告後、相当期間経過後（591条）
不法行為に基づく損害賠償請求権	損害及び加害者を知った時（724条）	不法行為時（判例）※被害者の救済のため

ポイント！

　民法改正により、新たに消滅時効の主観的起算点の規定が導入されました（166条1項1号）。

　また、不確定期限の定めのある債務は、期限の到来した後に履行の請求を受けた時、または債務者が期限の到来を知った時のいずれか早い時から遅滞の責任を負うと定められました（412条2項）。

18 時効の完成猶予・更新

★ 時効

障害事由	完成猶予	更 新
裁判上の請求等 (147条)	○	○※1
強制執行等 (148条)	○	○※2
仮差押え及び仮処分 (149条)	○	×
催 告 (150条)	○	×
協議を行う旨の合意 (151条)	○	×
債務の承認 (152条)	×	○※3
時効期間満了前6か月以内に未成年者または成年被後見人に法定代理人がいない場合 (158条1項)	○	×
未成年者または成年被後見人がその財産を管理する父母または後見人に対して権利を有する場合 (158条2項)	○	×
夫婦の一方が他方に対して有する権利 (159条)	○	×
相続財産に関する権利 (160条)	○	×
天災その他避けることのできない事変があった場合 (161条)	○	×

※1：確定判決等により権利が確定した時からである
※2：その事由が終了した時からである（強制執行等の取下げまたは取消しの場合を除く）
※3：承認の時からである

ポイント！

　民法改正により、改正前に存在した時効の中断及び停止は、時効の完成猶予及び更新に変更されました。いかなる事由が完成猶予事由または更新事由に該当するかは、上記の表を参考に、条文を確認しておきましょう。

第3章 民法

19 ★ 物権法総説
物　権

RANK ★★

定　　義	物権とは、特定の物を直接・排他的に支配する権利をいう
性　　質	①直接性 →他人の行為の介入を要せず、物を直接に支配できることをいう ②絶対性 →物に対する支配状態を侵害する者があれば、それが何人であれ、その侵害行為は違法とされ、法的保護が与えられることをいう ③排他性 →1つの物権が存する物の上には同じ内容の物権は成立し得ないことをいう
一物一権 主義	①1つの物権の客体は、1個の独立物でなければならないという原則 ※1個の物の一部ないし構成部分に物権は成立しない（独立性） ※数個の物の上に1つの物権は成立しない（単一性） ②例外 →一筆の土地の一部についての時効取得の成立（独立性の例外） →集合物譲渡担保（単一性の例外）
物 権 の 取得原因	(1)承継取得 (2)原始取得 ①時効取得（162条、163条） ②無主物先占（239条） ③添　付（242条～248条）→付合・混和・加工 ④即時取得（192条）

物権の全体像は以下のとおりです。

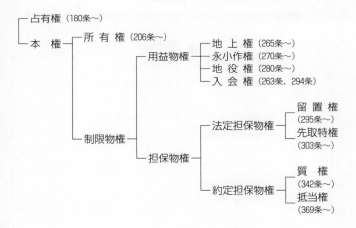

★ 物権法総説

20 物権・債権の比較

RANK ★

		物　　権	債　　権
共通点		ともに財産権であり、不可侵性を有する	
相違点	絶対性	すべての人に対して主張可（絶対性）	債務者のみに対する権利（相対性）
	権利の併存	同一物の上に同一内容の複数の物権は存在し得ない（排他性）※公示の要請	債権が複数成立することは可能（排他性なし）※債権者平等の原則
	優　劣	物権は債権に優先（原則）①売買は賃貸借を破る②担保物権を有する者は一般債権者に優先	債権は物権に劣後（原則）
	物に対する支配の態様	主体と客体（物）の間に何らの仲介者を必要としない（直接性）	債務者を通じて客体（物）を間接的に支配する（間接性）

ポイント！

物権と債権を比較して押さえておきましょう。

★ 物権変動

21 不動産物権変動

RANK ★★

第3章 民法

定　義	公示の原則とは、ある物権変動を対社会的にも有効なものにするためには、それに対応する公示方法を備えなければならないとする原則をいう
登記を対抗要件とする権利	(1)物権 　→所有権、地上権、永小作権、地役権、先取特権（一般先取特権を除く）、不動産質権、抵当権 (2)物権ではないもの→不動産賃借権
登記をしなければ対抗できない第三者（人的範囲）	当事者若しくはその包括承継人以外の者で、不動産に関する物権の得喪及び変更の「登記の欠缺を主張する正当の利益を有する者」（判例） ≪第三者にあたらない者≫ 　①不動産登記法5条1項・2項列挙の者（詐欺または強迫によって登記の申請を妨げた第三者、他人のため登記申請の義務を負う者） 　②無権利の名義人 　③不法占有者・不法行為者 　④前主後主の関係にある者 　⑤背信的悪意者
登記を対抗要件とする物権変動（事項的範囲）	(1)契約によるもの (2)契約以外によるもの 　①取消し　　　　　　③取得時効 　②解　除　　　　　　④相　続

ポイント❗

　所有権は意思表示のみで移転します（176条）。

　しかし、不動産について、所有権の移転を第三者に対して主張するためには、登記を備えることが必要です。

★ 物権変動

22 物権変動と登記

RANK ★★★

	○○前の第三者との関係	○○後の第三者との関係
制限行為能力 による取消し	取消権者は、すべての第三者に対抗できる	登記の先後でその優劣を決する （対抗問題　177条）
錯誤取消し	取消権者は、善意無過失の第三者に対抗することはできない（95条4項）	
詐欺取消し	取消権者は、善意無過失の第三者に対抗することはできない（96条3項）	
強迫取消し	取消権者は、すべての第三者に対抗できる	
時効取得	時効取得者は、時効完成前の第三者に対しては、登記なくして時効による権利取得を対抗することができる	
解除	解除権者は、登記を備えた第三者に対しては解除による原状回復を対抗することはできない（判例によると登記は対抗要件） （545条1項ただし書）	

ポイント ✍・・・・・・・・・・・・・・・・・・・・・・・・・・・・・・・・・・・・・・・

「**23** 物権変動　民法177条の第三者の範囲―背信的悪意者」（最判平18.1.17）も参照してください。

23
★ 物権変動
民法177条の第三者の範囲
―背信的悪意者
(最判 平18.1.17)

第3章 民法

事 案

　Yは、本件土地を時効取得した。

　その後、Xらは、本件土地を購入し、所有権移転登記を経由した。X
らは、Yに対して、所有権の確認を求めた。Xらは、Yが登記を経由し
ていないことを主張した。

　これに対して、Yは、Xらが背信的悪意者にあたると主張した。

争 点

背信的悪意者は、民法177条の第三者にあたるか。

結 論

　あたらない。

ポイント

　判例は「民法177条にいう第三者については、一般的にはその善
意・悪意を問わないものであるが、実体上物権変動があった事実を
知る者において、同物権変動についての登記の欠缺を主張すること
が信義に反するものと認められる事情がある場合には、登記の欠缺
を主張するについて正当な利益を有しないものであって、このよう
な背信的悪意者は、民法177条にいう第三者にあたらない」として
います。

★ 占有権

24 即時取得と時効取得

	即時取得	時効取得
要件	①動産であること ・未登録自動車 ○ ・既登録自動車 × ②有効な取引の存在 ・相続による場合 × ・山林の伐採 × ・制限行為能力者、無権代理人からの取得、錯誤・詐欺など意思表示の瑕疵・欠缺がある場合 × ③無権利・無権限者からの取得 ④平穏・公然・善意・無過失 ・平穏、公然、善意は186条1項で、無過失は188で推定 ⑤占有を取得すること ・占有改定 ×	①所有の意思をもって ・自主占有（186条1項で推定） ②平穏・公然 ・186条1項で推定 ③他人の物の占有 ・自己の占有のみ ・自己の占有＋前者の占有ただし、前者の悪意も承継 ④善意無過失の場合、10年間 ・それ以外は20年間の占有 ・善意無過失は占有開始時に判断（善意は186条1項で推定）
効果	所有権等の原始取得	

ポイント✐

　両者の相違点について、即時取得は動産についてのみ適用がありますが、時効取得は動産だけに限られません。また、即時取得の場合、無過失は188条により推定されますが、時効取得の場合、無過失は推定されません。

★ 所有権

25 共 有

定　　義	共有とは、数人が1つの物を所有することをいう
種　　類	数人がそれぞれ共同所有の割合としての持分を有して1つの物を所有
内部関係	(1)共有持分 →法律の規定や当事者の合意があればそれによるが、それがない場合は平等（250条） (2)目的物の使用・保存・管理・変更 →各共有者は持分に応じて共有物の全部を使用できる（249条）
対外関係	無権利者が持分権を侵害している場合には妨害排除請求、返還請求ができる →単独でなし得る（保存行為　252条ただし書）
共有物の 分　　割	(1)分割請求の自由（256条） →各共有者は、いつでも共有物の分割を請求することができる（1項） ※分割禁止特約 →期間5年以内なら分割しない特約をすることができる (2)分割の方法（258条）

第3章 民法

ポイント！

変更行為、管理行為、保存行為は、それぞれの要件、具体例とともにしっかり押さえてください。

★ 用益物権

26 地上権と賃借権

		地上権	賃借権
共通点		地上権、賃借権ともに他人の土地を利用する権利	
相違点	権利の性質	物　権	債　権
	対 抗 力	あ　り（177条）	あ　り（605条）
	登記義務	あ　り	な　し
	存続期間	約定期間あり	最長・最短制限なし	最長50年 最短制限なし
		約定期間なし	①慣習 ②当事者の請求により裁判所が定める（268条2項） 　→20〜50年 ③地上権者は自由に放棄可 　→ただし、有償の場合は1年前の予告または1年間の地代支払が必要	いつでも解約申入れ可（617条） 　→申入れ後、1年で終了（617条1項1号）
	地　　代	契約の要素でない※	契約の要素である
	修繕義務	な　し	あ　り
	譲　　渡	地上権設定者の承諾不要	賃貸人の承諾必要

※要素とは、特定の種類の法律行為の成立に不可欠のもので、これを欠くと、その種類の法律行為とならないもののことである

ポイント！ •

　地上権と賃借権はよく似ています。この表で比較して押さえておきましょう。

27 担保物権の対比

★ 担保物権総説

第3章 民法

	法定担保物権			約定担保物権			
	留置権	先取特権			質 権			抵当権
		一般	動産	不動産	動産	不動産	権利	
付 従 性	○							
随 伴 性	○							
不 可 分 性	○							
物上代位性	×	×		○		○		○
優先弁済的効力	×		○			○		○
留置的効力	○		×			○	△	×
登記の可否	×	○	×	○	×	○	×	○

ポイント！ ・・・・・・・・・・・・・・・・・・・・・・・・・・・・・・・

付従性とは、被担保債権が不存在または無効であれば、担保物権は成立しないことをいいます。

随伴性とは、被担保債権が他人に譲渡されると、担保物権も譲受人に移転することをいいます。

不可分性とは、担保物権は、被担保債権の全部の弁済を受けるまで、目的物全部の上にその効力を及ぼすことをいいます。

物上代位性とは、担保目的物が売却、賃貸、滅失または損傷したような場合に、担保物権の設定者が受けるべき金銭その他の物に対しても、担保権の効力を及ぼすことができることをいいます。

28 ★ 抵当権
抵当権の効力の及ぶ範囲

付加一体物	原則として、付加一体物を取り付けた時期のいかんを問わず、及ぶ →付合物（争いなし）、従物（争いあり）
従　物	抵当権設定前に取り付けた従物には及ぶ
天然果実	原則として、及ばない ※ただし、被担保債権が債務不履行になったときは、及ぶ
法定果実	物上代位の規定によって払渡しまたは引渡し前に差押えをすれば、及ぶ ※ただし、被担保債権が債務不履行になったときは、及ぶ

ポイント

　従物が370条の付加一体物に含まれるかという論点があります。

　判例は、付加一体物とは物理的一体性のある物をいい、従物は独立の物であるから、370条の付加一体物に含まれないとしています。

　ただし、判例は、抵当権設定時に存在していた従物には、87条2項の効果として抵当権の効力が及ぶ（抵当権の「設定」を87条2項の「処分」と考えます）としている点には、注意してください。

　また、抵当権設定後の従物に対しては、抵当権の効力が及ばないとされています（なお、判例については見解が分かれますが、多数説は「及ばない」と解しています）。

★ 抵当権

29 法定地上権

RANK ★★

第3章 民法

趣　旨	以下①②より、建物収去による社会経済上の不利益を回避することを図った ①土地と建物は別個の不動産（370条参照）なので所有者を異にする場合が生じ得る ②自己借地権は否定されている（179条、520条参照）
成立要件	①抵当権設定当時の建物の存在 　→更地に抵当権設定後に建物を建てた場合、法定地上権は成立しない 　→抵当権設定時に存在した建物が滅失し、その後再築した場合に、特段の事情がない限り、旧建物を基準として、法定地上権は成立する ②抵当権設定当時の土地と建物の所有者の同一 　→借地上に建物があり、建物に抵当権が設定された後に、土地と建物の所有権者が同一人に帰属するに至ったとしても、法定地上権は成立しない ③土地・建物の一方または双方に対する抵当権設定 ④抵当権実行により建物所有権者と土地所有権者が異なる
効　果	法定地上権の成立

ポイント

　所有者が土地及び地上建物に共同抵当権を設定した後に当該建物が取り壊され、新建物が建築された場合について、判例は、新建物の所有者が土地の所有者と同一であり、かつ、新建物が建築された時点での土地の抵当権者が新建物について土地の抵当権と同順位の共同抵当権の設定を受けたなどの特段の事情のない限り、新建物のために法定地上権は成立しない、としています。

30 ★ 債権の効力
債務不履行

RANK ★★★

定 義	債務不履行とは、債務者が、正当な理由がないのに債務の本旨に従った債務の履行をしないことをいう
種 類	①履行遅滞 　→履行が可能であるのに弁済期を徒過した場合 ②履行不能 　→履行が不能となった場合 ③不完全履行 　→債務の履行としてとにかく給付はなされたが、それが不完全な場合
効 果	①現実的履行の強制（強制履行） 　→帰責性不要（414条） ②損害賠償請求 　→帰責性必要（415条1項ただし書） ③契約の解除（双務契約の場合） 　→帰責性不要（541条、542条、543条参照）

ポイント！ ・・・・・・・・・・・・・・・・・・・・・・・・・・・・・・・・・・・

　効果がとても重要ですので、しっかり覚えましょう。帰責性が必要か不要かに注意してください。

　特に、平成29年改正により、解除に債務者の帰責性は不要となったことに注意が必要です。「**44 契約の解除**」とも比較して、押さえておきましょう。

31 ★ 債権の効力
受領遅滞

定 義	受領遅滞とは、債務の履行につき、受領その他債権者の協力を必要とする場合において、債務者が債務の本旨に従った提供をしたにもかかわらず、債権者が協力しない、あるいはできないために、履行が遅延している状態にあることをいう
趣 旨	債務の本旨に従った履行の提供を行った債務者と受領をしなかった債権者との利害調整
要 件	①債務の本旨に従った履行の提供(弁済の提供)があること →何が債務の本旨に従った提供であるかは、社会の取引観念と信義則とを標準として決する ②債権者がこの提供の受領を拒み、または受領することができないこと

ポイント⊘

民法改正により、受領遅滞の効果が明文化されました。具体的には、受領遅滞が生じると、以下の効果が生じることになります。

①目的物保存義務の軽減(413条1項)

②増加費用償還請求権の発生(413条2項)

③受領遅滞中の履行不能の責任負担(413条の2第2項)

32 保証債務

★ 多数当事者の債権・債務

RANK
★★
★★

別個独立性	保証債務は主たる債務と別個・独立の債務である
同一内容性	保証債務の内容は主たる債務と同一である
付 従 性	①主債務が成立していない場合には、保証債務も成立しない（成立における付従性） ②主債務の内容が軽くなると、保証債務の内容も軽くなる（内容における付従性） ③主債務が消滅すると、保証債務も消滅する（消滅における付従性）
随 伴 性	債権者が主債務を第三者に譲渡すると、保証債務も移転

補 充 性		保証人は、主債務者が債務を履行しない場合に初めて責任を負うことになる（二次的責任）
	催告の抗弁権	「まず、主債務者に請求せよ」と、債権者の請求を拒むことができる ※例外→抗弁権を行使できない ①主債務者が破産手続開始決定を受けた ②主債務者の行方がわからない
	検索の抗弁権	債権者が主債務者に催告した後でも保証人が、 ①主債務者に弁済の資力があり、かつ、 ②執行が容易であることを証明すれば、 債権者の請求を拒むことができる

成 立	保証債務は、保証人と債権者の保証契約によって成立 →書面でしなければ、その効力を生じない（446条2項）

ポイント！ ∙∙

　連帯保証には、補充性（催告の抗弁権と検索の抗弁権）はありません（454条）。さらに、分別の利益もありません。

★ 多数当事者の債権・債務

33 保証人と物上保証人

RANK ★★

	保　証　人	物上保証人
債務と責任	債務あり、責任あり	債務なし、責任あり
付従性・随伴性	○	○
補　充　性	○ （催告・検索の抗弁権あり）	× （催告・検索の抗弁権なし）
主債務の時効の完成猶予・更新効	○ （457条1項）	○ （判　例）
主債務の時効援用権	○ （145条かっこ書）	○ （145条かっこ書）
事前求償権	○ （委託を受けた保証人につき460条）	× （判　例）
事後求償権	○ （459条）	○ （351条・459条）

第3章　民法

ポイント！

　物上保証人の補充性と事前求償権のところを注意して覚えてください。

★ 債権・債務の移転

34 債権譲渡の対抗要件

◎債権が二重に譲渡され、通知がなされた場合の債務

			第1譲受人	第2譲受人
第2譲受人のみに確定日付がある場合			×	○
ともに確定日付がある場合	異時到達	第1譲受人の通知が、先に債務者に到達した場合	○	×
		第2譲受人の通知が、先に債務者に到達した場合	×	○
		通知の確定日付は第2譲受人が先であるが、第1譲受人の通知が先に債務者に到達した場合	○	×
	同時到達		△	△

○：優先することを示す　×：劣後することを示す　△：優劣関係は生じないことを示す

ポイント！ ・・

　この表は、とても重要です。しっかり押さえてください。同時到達の場合に、優劣関係が生じないことに注意してください。

　債権譲渡の対抗要件は、譲渡人による債務者への通知、または債務者の承諾です（467条1項）。債務者以外の第三者に対抗するためには、確定日付のある証書による通知または承諾が必要となります（467条2項）。

35 弁済の提供

★ 債権の消滅

定 義	弁済の提供とは、債務者側において給付を実現するために必要な準備をして、債権者の協力を求めることをいう
趣 旨	ほとんどの債務は受領などの債権者側の協力がないと履行は完了せず、債務は消滅しないため、債務者に酷となることから、①債務者を履行遅滞責任から解放する制度として弁済の提供を規定し、②提供によって債権者には受領遅滞責任が発生することとした
要 件	①債務の本旨に従っていること ②現実の提供または口頭の提供
効 果	①履行遅滞責任からの解放 (492条) ②相手方の同時履行の抗弁権を奪う (533条) ③約定利息の不発生

第3章 民法

ポイント！

弁済の提供は、受領遅滞の要件となっているため、受領遅滞においては弁済の提供の効果が必然的に生じることになります。

従来の民法が受領遅滞の効果と弁済の提供の効果を整理していなかったのに対して、改正後の民法では、受領遅滞の効果について明文の規定を設けて、弁済の提供と区別しています。

なお、受領遅滞については、「**31** 債権の効力 受領遅滞」を参照してください。

36 口頭の提供

★ 債権の消滅

RANK ★★★

定 義	口頭の提供とは、弁済の準備をしたことを通知してその受領を催告することをいう
要 件	(1)現実の提供をするのに必要な準備の完了 　→債権者が受領しようとすれば、債務者のほうでこれに応じて給付を完了し得る程度の準備で足りる (2)受領の催告（通知）
口頭の提供が許される場合	(1)債権者があらかじめその受領を拒んだとき (2)履行のために債権者の行為を要するとき 　→①取立債務 　　②債権者の先行協力行為が必要とされる場合
口頭の提供すら不要な場合	債権者が契約そのものの存在を否定するなど、弁済を受領しない意思が明白な場合には、口頭の提供すら不要とされる 　→もっとも、債務者が弁済の準備ができない経済状態にあるため口頭の提供すらできないような場合には、いかに債権者が弁済を受領しない意思が明確でも、債務不履行となる

ポイント！ ・・・・・・・・・・・・・・・・・・・・・・・・・・・・・

　弁済の提供は、3つの段階に分かれます。

　第1に、現実の提供が原則になります。第2に、口頭の提供として、準備と通知まで必要な場合があります。そして、第3として、準備さえすれば口頭の提供すら不要な場合もあります。

★ 債権の消滅

37 代物弁済

RANK ★

第3章 民法

定 義	代物弁済とは、本来の給付と異なる他の給付を現実にすることによって、本来の債権を消滅させる債権者・弁済者間の契約をいう
要 件	①債権が存在すること ②本来の給付と異なる他の給付をすることについての合意
効 果	①他の給付をしたとき、債務は消滅する（482条） ②給付された代物に不適合があった場合には、債権者は債務者に対し、損害賠償請求・解除権行使のみならず、追完請求権、代金減額請求権が認められる（559条、562条、563条、564条）

ポイント！

　判例は、代物弁済の目的物が物の給付の場合、債権者への所有権の移転時期は、原則として代物弁済契約の意思表示のときである、としています。また、別の判例は、代物弁済の効果である債権消滅が生じるのは、原則として第三者に対する対抗要件を具備したときである、としています。

　そして、これらの判例の趣旨は、民法改正によって明文化されました（482条）。

38 相 殺

★ 債権の消滅

定 義	相殺とは、債権者と債務者とが相互に同種の債権・債務を有する場合に、一方的意思表示によって、その債権と債務とを対当額において消滅させることをいう
趣 旨	①決済の簡易化 ②当事者間の公平 ③担保的機能
要 件	**(1)相殺適状にあること** 　①債権が対立していること（505条1項本文） 　②双方の債権が同種の目的を有すること（505条1項本文） 　③双方の債権が弁済期にあること（505条1項本文） 　④双方の債権が有効に存在すること 　⑤相殺を許す債務であること（505条1項ただし書） **(2)相殺の禁止にあたらないこと**
効 果	①債権の消滅 　→双方の債権は、その対当額において消滅する（505条1項本文） 　→相殺の充当は弁済の充当の規定による（512条） ②相殺の遡及効 　→双方の債務が相殺適状を生じた時に遡及して効力を生じる（506条2項）

ポイント！ ・・・・・・・・・・・・・・・・・・・・・・・・・・・・・・・・・・

　相殺の禁止は、509条～511条に規定されていますので、あわせて読んでおきましょう。

39 相殺禁止

★ 債権の消滅

RANK

★★★

第3章 民法

	自働債権として相殺	受働債権として相殺
期限の定めの ない債権	○	○
時効消滅した 債権 (508条)	○ （時効消滅以前に 相殺適状の場合）	○
不法行為等に基づく 損害賠償債権 (509条)	○	×※1
差押禁止債権 (510条)	○	×
同時履行の抗弁権の 付着した債権	×	○
弁済期未到来の債権	×	○
差押えを受けた債権 (511条)	×	差押前に取得：○ (511条) 差押後に取得：原則　× 　　　　　　　例外　○※2

※1：相殺が禁止されるのは、受働債権が、①悪意による不法行為に基づく損害賠償の債務に係る債権である場合、②人の生命または身体の侵害による不法行為または債務不履行に基づく損害賠償の債務に係る債権である場合である

※2：例外的に、差押え後に取得した債権によって相殺が許されるのは、差押え後に取得した債権が、差押え前の原因に基づいて生じたものである場合である（511条2項）

ポイント

　自働債権として相殺が禁止されるのか、それとも、受働債権として相殺が禁止されるのか、それぞれに結論が異なるので、適宜条文も参照しながら、確認していきましょう。

40 ★ 債権の消滅
差押えと相殺
(最大判 昭45.6.24)

事 案

X（国）は、A会社の国税債務の滞納処分として、A会社がY銀行に対して有していた預金債権を差し押さえ、Y銀行に対して、その支払を求めた。Y銀行は、Xが差し押さえた時点で、A会社に対して貸金債権を有していた。Y銀行とA会社の間では、A会社につき差押えの申請があったときには、A会社のY銀行に対する債務全額について弁済期が到来し、Y銀行はA会社に対して負っている債務について期限の利益を放棄する旨が特約されていた（相殺予約）。そこで、Y銀行は、相殺の意思表示をした。Y銀行は、Xの支払の求めに対し、相殺により、AのY銀行に対する預金債権はその限度で消滅したと主張した。

争 点

第三債務者（Y銀行）は、債権が差押え後に取得されたものでない限り、差押え後においても、これを自働債権として相殺をなし得るか。

結 論

自働債権及び受働債権の弁済期の前後を問わず、相殺適状に達しさえすれば、差押え後においても相殺をなし得る。

ポイント

この結論の根拠は、相殺の担保的機能を重視することです。

41 ★ 契約の意義・成立
契約の性質―各種契約

RANK ★★

性 質	要物契約	片務契約
分 類	①消費貸借契約※1 ②質権設定※2 ③手 付	①贈与契約 ②使用貸借契約 ③消費貸借契約

※1：書面でなすことにより、諾成的消費貸借も認められている（587条の2）
※2：権利質については、原則として証書の交付は契約成立の要件ではない

第3章 民法

ポイント！

各種契約がどのような契約かを以下の表で整理しておきましょう。

□：民法の定める原則型であるが、別の形式も法律上または解釈上は可能

		双務	片務	有償	無償	要物	諾成
財産移転型	贈 与		○		○		○
	売 買	○		○			○
	交 換	○		○			○
貸 借 型	消費貸借		○		□	□	
	使用貸借		○		○		○
	賃貸借	○		○			○
労務提供型	雇 用	○		○			○
	請 負	○		○			○
	委 任		□		□		○
	寄 託		□		□		○
その他	組 合	○		○			○
	終身定期金		□		□		○
	和 解	○		○			○

42 ★ 契約の意義・成立
申込み

定 義	申込みとは、相手方の承諾の意思表示と合致して、特定の内容を有する契約を成立させることを意図してなされる一方的かつ確定的な意思表示をいう
効 力	(1)効力発生時期→到達主義（到達以前は撤回可） (2)申込みの拘束力 　①承諾期間の定めあり→承諾期間 　②承諾期間の定めなし→承諾通知を受けるのに必要な相当期間内は撤回は不可 (3)申込みの承諾適格 　①承諾期間の定めあり→承諾期間内に承諾の通知が到着しなければ申込みはその効力を失う（523条2項） 　②承諾期間の定めなし→取引慣行と信義則に従い、撤回し得る時から、さらに相当期間経過後は、申込みはその効力を失う（多数説） (4)申込到達以前の申込者の死亡・行為能力喪失（97条3項） 　原則：到達すれば効力発生（97条1項） 　例外：①申込者が反対の意思を表示した場合（526条）と、②相手方が承諾の通知を発するまでに死亡または行為能力喪失の事実を知っていた場合（526条）は、効力が生じない

ポイント！ ･･････････････････････････････

　関連して、交叉申込みというものがあります。交叉申込みとは、当事者双方が相手方の申込みを知らずに同一内容の申込みを行った場合をいいます。この場合、申込みの遅いほうの到達時に契約が成立すると解されています。

43 承 諾

★ 契約の意義・成立

RANK ★★

定 義	承諾とは、申込受領者が申込みに応諾して契約を成立させるために申込者に対してなす意思表示をいう
要 件	承諾は申込みの承諾適格の存続中になされることが必要 →承諾の期間経過後に承諾が到達した場合、申込者は新たな申込みとみなすことができる（524条） →申込みに変更を加えた承諾は、申込みの拒絶と新たな申込みをしたものとみなす（528条）
効 果	承諾の効力発生は承諾到達時

第3章 民法

ポイント 🖉

平成29年改正により、申込みと承諾のいずれについても、到達主義が採用されています。

44 ★ 契約の解除
契約の解除

RANK ★★

催告による解除（541条）	要件（本文）	①履行遅滞が発生していること ②履行を催告したこと ③相当期間が経過したこと ④相手方に解除の意思表示をしたこと
	例外（ただし書）	次のいずれかに該当する場合、解除することができない ①履行遅滞が債権者の帰責事由に基づく場合 ②不履行が軽微な場合（取引上の社会通念を考慮）
無催告解除（542条）	全部解除（1項）※	①債務の全部の履行が不能であるとき ②債務者がその債務の全部の履行を拒絶する意思を明確に表示したとき ③債務の一部の履行が不能である場合または債務者がその債務の一部の履行を拒絶する意思を明確に表示した場合において、残存する部分のみでは契約をした目的を達することができないとき ④契約の性質または当事者の意思表示により、特定の日時または一定の期間内に履行をしなければ契約をした目的を達することができない場合において、債務者が履行をしないでその時期を経過したとき ⑤債務者がその債務の履行をせず、債権者が541条の催告をしても契約をした目的を達するのに足りる履行がされる見込みがないことが明らかであるとき
	一部解除（2項）※	①債務の一部の履行が不能であるとき ②債務者がその債務の一部の履行を拒絶する意思を明確に表示したとき

※いずれも、債務不履行が債権者の帰責事由に基づく場合には、解除をすることができない

45 解約手付による解除

★ 財産移転契約

RANK

定 義	解約手付による解除とは、約定解除権留保のために交付される手付による解除をいう
要 件	①相手方が契約の「履行に着手」していないこと →客観的に外部から認識し得るような形で履行行為の一部をなし、または履行の提供をするために欠くことのできない前提行為をした場合（判例） →履行期前でも、履行の着手はある（判例） ②買主が解除する場合には「手付を放棄」、売主が解除する場合には「倍額を現実に提供」 →倍返しの場合は、相手方の態度いかんにかかわらず常に現実の提供が必要
効 果	①解約手付による解除は、債務不履行による解除と異なる →損害賠償の問題は生じない（557条2項・545条4項） ②債務不履行による解除がなされた場合、損害賠償額の予定としての手付でない限り、債務不履行に基づく損害賠償を請求できる

ポイント ❷ ・・・・・・・・・・・・・・・・・・・・・・・・・・・・・・・・・・・

　手付は、記述式でも出題されました。平成29年改正により判例法理が明文化されたため、条文の文言をしっかりと押さえておきましょう。

46 ★ 財産移転契約
契約不適合責任

RANK ★★★

	追　完 請求権	代金減額 請　求	解　除・ 損害賠償	権利行使期間 の定め
物の品質、種類に 関する契約不適合 (562条)	○	○	○	1 年 (566条)※3
物の数量に関する 契約不適合 (562条)	○	○	○	5年または10年
権利移転に関する 契約不適合 (565条)	○	○	○	5年または10年
目的物の滅失等に ついての危険の移 転 (567条)※1	×	×	×	―
競売における 担保責任 (568条)	×	○	○※2	5年または10年

※1：特定物、特定した種類物が対象。引渡し以後に「当事者双方の責めに帰することができない事由」によって滅失・損傷

※2：損害賠償は「債務者が物若しくは権利の不存在を知りながら申し出なかったとき、または債権者がこれを知りながら競売を請求したとき」に限る（568条3項）

※3：債権の消滅時効の一般原則（166条1項）の適用を排除するものではない

ポイント

　従来の民法の規定から大きく変わった部分です。改正民法におけるポイントとしては、①契約の目的となっている物や権利が、契約の内容に適合しているか否かが重要になること、②契約不適合責任の追及の仕方として、追完請求・代金減額請求・解除・損害賠償の方法があることを、テキストや条文を確認しながら押さえておきましょう。

47 ★ 貸借型契約
消費貸借契約

RANK
★★

第3章 民法

定義	消費貸借契約とは、金銭その他の代替物を借りて、後にこれと同種・同等・同量の物を返還する契約をいう。 →無償（利息付の場合は有償）・片務 諾成的消費貸借契約とは、当事者の一方が金銭その他の物を引き渡すことを約し、相手方がその受け取った物と種類、品質及び数量の同じ物をもって返還をすることを約することを、書面でもってする契約をいう。		
要件	要物契約たる消費貸借契約	①目的物の授受 ②返還の合意	
	諾成契約たる消費貸借契約	①目的物の引渡しと返還の合意 ②書面（または電磁的記録）	
効果	貸主の責任	貸す義務	i 消費貸借契約が要物契約として成立する場合、貸主に貸す義務は生じない ii 書面でする消費貸借契約が諾成契約として成立する場合、貸主に貸す義務は生じる
		担保責任	i 利息付消費貸借は、貸主は、売買契約における売主の担保責任と同様の責任を負う ii 無利息の消費貸借の場合、貸主は、贈与契約における贈与者と同様の責任を負う
	借主の義務		i 受領物と同種・同等・同量の物を返還する義務を負う。また、利息の特約があるときは、利息を支払わなければならない（589条） ii 利息の特約の有無にかかわらず、受領物に種類又は品質の契約不適合があるときは、その物の価額を返還することができる

48 ★ 賃借型契約
賃貸人たる地位の移転

	① 移 転	② 承 諾	③ 登 記
事例	賃貸人が賃貸目的物の所有権を譲渡した場合、賃貸人たる地位も一緒に移転するか	①で賃貸人たる地位が当然に移転するとして、それについて賃借人の承諾が必要か	新所有者が賃借権の存在を認めたうえで、賃貸人たる地位を主張する場合、登記は必要か
結論	賃借権について対抗要件を備えている場合には、賃貸人の地位は譲受人に当然に移転する（605条の2第1項）	原則として、賃借人の承諾は不要である（605条の2第1項、605条の3）	必要である（605条の2第3項）
理由	賃借権が対抗要件を備えている場合には、当該所有権は賃借権の負担を伴ったものとして存在するから、賃貸人たる地位も譲渡したと考えるのが合理的意思解釈といえる	①賃借人にとっては所有者が誰であるかは通常重要な問題ではない ②賃貸借契約の継続を望む賃借人に有利といえる	賃借人の賃料の二重払いの危険を回避する必要がある

ポイント！ ....

　賃借権は債権なので、賃借人は、賃貸人に対しては目的物を使用収益させるように要求できますが、賃貸人たる地位につかない新所有者に対しては使用収益させるように要求できないのが原則です。

　例外として、不動産賃借権は、登記などの対抗要件を備えれば、第三者に対して、すなわち、新所有者に対しても、対抗することができます（605条の2第1項、第3項）。改正民法により、明文化されました。条文を確認しながら押さえておきましょう。

49 ★ 貸借型契約
敷金返還請求権

RANK ★★

	賃貸人の地位の移転と 敷金返還債務の承継	賃借人の地位の移転と 敷金返還請求権の承継
事例	BはAから土地を賃借し、敷金を差し入れていたが、AがCに当該土地を譲渡した。賃貸人がAからCに代わった場合、Bは明渡しに際してCに敷金の返還を請求できるか	BがAから不動産を賃借し、敷金を差し入れていたが、BはCに賃借権を譲渡した場合、AはBから差し入れられていた当該敷金をもって、Cの債務の担保とすることができるか
結論	敷金返還債務は新賃貸人に当然に承継され（605条の2第4項）、その額は賃貸人の旧賃貸人に対する債務を差し引いた額となる（判例）	敷金交付者が賃貸人との間で敷金をもって新賃借人の債務不履行の担保とすることを約し、または新賃借人に対して敷金返還請求権を譲渡するなど特段の事情がない限り、当然に承継されない（622条の2第1項2号）
理由	①敷金は賃貸人のための担保として、賃貸人の地位と密接に結びつくものである ②敷金返還請求権に対する賃借人の期待を保護すべき	①当然に承継されるとすれば、敷金交付者の予期に反して不利益を被らせる ②賃貸人は、新賃借人と敷金の取決め可能

ポイント！ ●

　従来、判例によって認められていた敷金について、民法に明文化されました（民法622条の2）。

　賃貸人の敷金返還債務は、賃借人が目的物を明け渡したときに発生します。したがって、賃貸人の敷金返還債務と目的物の明渡債務は同時履行の関係にはなりません（判例）。

50

★ 賃借型契約

賃借家屋明渡債務と敷金返還債務との同時履行

(最判 昭49.9.2)

RANK ★★ ★★

事 案

　Yは、Aとの間で、A所有の本件家屋を賃借する契約を結んだ。Yは、Aに対して、敷金を交付した。本件家屋には、Yの賃借前にB銀行のために根抵当権設定登記がなされていた。その後、根抵当権が実行され、Xが競落した。

　そこで、Xは、Yに対して、本件家屋の明渡しを請求した。Yは、敷金の返還を受けるまで本件家屋を留置し、また、家屋明渡債務と敷金返還債務とは同時履行の関係にあるから、その弁済を受けるまで本件家屋の明渡しを拒絶すると主張した。

争 点

賃借家屋明渡債務と敷金返還債務とは同時履行の関係に立つか。

結 論

　家屋の賃貸借終了に伴う賃借人の家屋明渡債務と賃貸人の敷金返還債務とは、特別の約定のない限り、同時履行の関係に立たない。

ポイント！ ....

　敷金契約は、賃貸借契約そのものではなく、両債務は1個の双務契約によって生じたものでないこと、両債務間に著しい価値の差があること、が理由です。

★ 労務提供型契約・その他

51 請 負

RANK
★★

第3章 民法

定 義	請負契約とは、当事者の一方（請負人）がある仕事を完成することを約し、相手方（注文者）がその仕事の結果に対して報酬を与えることを約する契約→有償・双務・諾成契約
要 件	①契約の目的が仕事の完成であること ②仕事の完成に対して報酬が定められること ③仕事の完成と報酬について合意のあること
効 果	**(1)請負人の義務** 　①仕事完成義務 　　→特約なき限り、自由に履行補助者・下請負人を使用できる 　　→請負人は下請負人の故意・過失につき責任を負う（履行補助者の故意・過失） 　②目的物引渡義務　③担保責任（559条、562条〜564条） **(2)注文者の義務** 　①報酬支払義務 　　→目的物の引渡しを要する場合は引渡しと同時に支払う（633条本文） 　　→仕事の完成それ自体は、報酬支払いと同時履行の関係には立たない（判例） 　　→目的物の引渡しを要しない場合は、仕事の完成と同時に支払う（633条ただし書・624条1項） 　②受領義務

ポイント

注文者の契約解除について定めた641条、642条も読んでおきましょう。

★ 不当利得

52 不当利得

定　義	不当利得とは、法律上正当な理由がないにもかかわらず、他人の財産または労務から利得を受け、これによってその他人に損害を及ぼした場合に、その得られた利得のことをいう
趣　旨	正当な理由なくして財産的利得をなし、これによって他人に損失を及ぼした者に対して、その利得の返還を命じ、当事者の実質的な公平を実現する
要　件	①他人の財産または労務によって利益を受けたこと（受益） ②そのために他人に損失を与えたこと（損失） ③受益と損失との間に因果関係があること（因果関係） 　→受益と損失との間に社会観念上の因果関係があれば足りる（判例） ④法律上の原因がないこと 　→公平の理念からみて、財産的価値の移動をその当事者間において正当なものとするだけの実質的・相対的な理由がないこと
効　果	返還請求権の発生 ①善意の受益者の返還の範囲 　→現存利益（703条） ②悪意の受益者の返還の範囲 　→利息・損害賠償も含む（704条）

ポイント！ ∙∙

不当利得は、契約が無効のとき、契約が取り消されたとき、契約が解除されたとき等、いろいろな場面で出てきます。

53 ★ 不当利得
不法原因給付

RANK ★★

第3章 民法

定 義	不法原因給付とは、不法の原因のために給付を行った者が、その給付した物の返還を請求することができないという法律関係をいう
趣 旨	本来、不法の原因のための契約は公序良俗に反し無効であり、不当利得返還請求が認められるはずであるが、この請求を認めると、法が反社会的な行為をなした者を救済する結果となり、妥当でない
要 件	①不法の原因があること 　→不法とは公序良俗に反することをいう ②給付がなされること 　→既登記不動産は移転登記がなされて初めて給付にあたる（判例） ③不法の原因が受益者のみに存しないこと 　→不法原因が給付者・受益者の双方に存する場合でも、受益者の不法が著しく大きい場合には、不当利得返還請求が認められる
効 果	①不当利得返還請求権の否定 ②給付物の所有権の帰属 　→返還請求権が否定されることの反射的効果として、所有権は相手方に帰属すると解される（判例・通説）

ポイント！

　判例は、当事者間で、不法原因給付の後になされた、給付した物を任意に返還する旨の特約は、708条の趣旨に反しないので、有効であるとしています。

54 ★ 不法行為
一般不法行為

定　義	不法行為とは、ある者が他人の権利ないし利益を違法に侵害した結果、他人に損害を与えたという場合に、被害者が加害者に対して金銭賠償を請求する債権が発生する制度をいう
趣　旨	①被害者の救済　　　　　③将来の不法行為の抑止 ②損害の公平な分担
要　件	①故意または過失（709条） 　→被害者側に立証責任あり ②権利または法律上保護される利益の侵害（709条） 　→「権利又は利益の侵害」とは「違法性」の徴表であり、加害行為が違法であればよいとされる ③損害の発生（709条） 　→もし加害原因がなかったとしたら存在したであろう利益状態と、加害がなされた結果として現に存在する利益状態との差額（差額説　判例） ④因果関係（709条） ⑤責任能力（712条・713条） 　→自己の行為が違法なものとして法律上非難されるものであることを弁識し得る能力 　→責任能力を欠く未成年者（712条）→11〜12歳前後 ⑥違法性阻却事由のないこと（正当防衛・緊急避難など　720条）
効　果	損害賠償請求権の発生

ポイント！ ・・

　不法行為は、度々出題されています。また、特殊な不法行為を理解する前提となりますから、要件と効果をしっかりと覚えましょう。

55 監督者責任

★ 不法行為

第3章 民法

定　義	監督者責任とは、違法な行為をして他人に損害を与えた場合でも、未成年者などは責任無能力者として賠償責任を負わない場合があるため、これらの者を監督すべき法定の義務ある監督義務者等が負う損害賠償責任をいう
趣　旨	被害者の救済
要　件	①責任無能力者の加害行為が、責任能力以外は一般不法行為の要件を備えていること ②監督者または代理監督者が、監督の義務を怠らなかったことを立証しないこと（714条1項ただし書） ③監督者または代理監督者がその義務を怠らなくても損害が生ずべきであったことを立証しないこと（714条1項ただし書）
効　果	(1)監督義務者の損害賠償責任 (2)責任負担者 　①未成年者の監督義務者 　　→親権者（820条）、親権代行者（833条・867条）、未成年後見人（857条） 　②成年被後見人の監督義務者※ 　　→成年後見人（858条）

※成年後見人であることだけでは直ちに法定の監督義務者に該当するということはできない（最判平28.3.1）

ポイント⚡ ･･･････････････････････････････････

　監督者責任に関しては、以下の判例が重要です。

　判例は、未成年者が責任能力を有する場合であっても、監督義務者の義務違反と当該未成年者の不法行為によって生じた結果との間に相当因果関係を認め得るときは、監督義務者につき709条に基づく不法行為が成立するとしています。

56 注文者の責任

★ 不法行為

RANK
★★

原　則	注文者は、請負人の不法行為について責任を負わない
例　外	注文者の注文、または指図に過失があるときは、責任を負う
判　例	請負人の過失により建築中の建物が倒壊し、隣家の居住者に損害を与えた場合において、注文者が、土木出張所から建物の補強工作を完備するよう強く勧告を受けたにもかかわらず、請負人にその工作をさせることなく、所定の中間検査も受けないままで瓦葺作業に取りかからせたため、瓦の重みで当該建物が倒壊するに至った等の事情があるときは、その注文者に、注文または指図について過失があったものというべきである

ポイント！

　細かい知識かもしれませんが、まずは716条の条文を読んでおきましょう。

　請負人が第三者に損害を与えた場合には、あくまでも請負人自身がその責任を負うのが原則です。その上で、注文者が責任を負うことがあるのはどのような場合であり、判例はどのような判断をしているのかを、表を参考に押さえていきましょう。

57 ★ 夫婦関係
協議上の離婚

定 義	協議上の離婚とは、夫婦の協議によって離婚することをいう
要 件	①離婚意思の合致 →離婚意思とは、離婚届出に向けられた意思で足りる（形式的意思説 判例） ②意思能力の存在 →成年被後見人が離婚するには、その後見人の同意を要しない（764条・738条） →意思能力は、届書の作成または委託のときにあれば足り、届出のときに喪失してもその受理前に翻意などしない限り、その届出は有効 ③協議離婚の届出
効 果	①再婚の自由 →ただし、女性には待婚期間の制約がある（733条1項） ②姻族関係の消滅 →離婚の場合、離婚成立と同時に姻族関係は終了する（728条1項） →死亡の場合、生存配偶者が姻族関係を終了させる意思表示をしたときに姻族関係が終了する（同条2項） ③復 氏 →離婚の場合、離婚によって、婚姻前の氏に当然に復する（767条1項） →復氏した配偶者が、離婚の日から3か月以内に届け出ることによって、離婚の際に称していた氏を称することができる（同条2項） →死亡の場合、生存配偶者は、任意の復氏届により、婚姻前の氏に復することができる（751条）

効　果	④子の監護と親権（766条） ⑤財産分与請求（768条） ⑥祭祀財産の承継（769条1項、897条1項） ⑦夫婦財産関係の消滅	

ポイント！ •

　関連して、未成年の子がいる場合の監護者及び親権者の決定に関する制度も以下の表で押さえておきましょう。

	協議離婚	裁判離婚
監護者の決定	当事者（766条1項）	当事者（771条・766条1項）
親権者の決定	当事者（819条1項）	裁判所（819条2項）

58 ★ 夫婦関係
婚姻―婚姻の取消し

RANK ★★★

第3章 民法

取消事由	取消権者(744条)					取消制限など
不適齢婚	①各当事者	②親族	③検察官			・適齢後の取消しはできない（745条1項） ※ただし、本人には、3か月の熟慮期間あり（同条2項本文） ・適齢後に追認すれば、取消しは不可（同項ただし書）
重　婚				④当事者の配偶者		
再婚禁止期間違反					⑤前配偶者	前婚終了の日から起算して100日経過後、または再婚後に出産すれば、取消しは不可（746条）
近親婚						
詐　欺 強　迫	表意者のみ					・追認可能時から3か月経過すると、取消しは不可（747条2項） ・追認により取消しは不可（747条2項）

ポイント

婚姻の取消しとは別に、婚姻の無効があります。

無効原因には、①婚姻意思のないとき（742条1号）、②届出をしないとき（同条2号）があります。

59 ★ 親子関係
嫡出子

定 義		嫡出子とは、婚姻関係にある男女間に懐胎・出生した子をいう
推定される嫡出子	推定が及ぶ嫡出子	妻が婚姻中に懐胎した子は、夫の子と推定される（772条1項） →婚姻成立の日から200日後、または婚姻の解消若しくは取消しの日から300日以内に生まれた子は、婚姻中に懐胎したものと推定される（772条2項）
	推定が及ばない嫡出子	772条所定の日数からいえば形式的には嫡出推定を受ける場合であっても、妻が夫によって懐胎することが不可能な事実のあるとき（判例）
推定されない嫡出子		嫡出推定の働く日数に合わないので、772条の嫡出推定を受けないが、嫡出子である子 →すなわち嫡出子であるが、婚姻成立後200日以内に生まれた子か、婚姻解消・取消しの日から300日後に生まれた子 ・内縁関係が先行する場合には、婚姻成立後200日以内に生まれた子は当然に嫡出子になる（判例） ・実務上は、内縁関係が先行しない場合にも拡張

ポイント！ ‥‥‥‥‥‥‥‥‥‥‥‥‥‥‥‥‥‥‥‥‥‥‥‥‥‥‥

　推定が及ばない嫡出子の例としては、夫が海外に数年間、単身赴任中であったこと等が挙げられます。

60 ★ 親子関係
嫡出子—父子関係の各種訴えの比較

第3章 民法

	嫡出否認の訴え （775条）	親子関係不存在 確認の訴え	父を定めることを 目的とする訴え （773条）
場　面	推定される嫡出子	推定されない 嫡出子	二重の推定
提訴権者	原則として、夫	利害関係人	子・母・ 前夫・後夫
期　間	1年 （777条、778条）※	な　し	な　し
消滅事由	承認（776条） ※ただし，単に命名や出生 届の提出だけでは、承認 にあたらない	な　し	な　し

※起算点である「夫が子の出生を知った時」（777条）とは、自分の妻が子を生んだ事実を知ったと
きを意味する（判例）。夫が成年被後見人であるときは、後見開始の審判の取消しがあった後、夫
が子の出生を知った時から1年である（778条）

ポイント❶ ・・・・・・・・・・・・・・・・・・・・・・・・・・・・・・・

　訴えの種類については、きちんと整理して押さえておきましょう。

　なお、推定の及ばない嫡出子については、親子関係不存在確認の
訴えによって、いつでも誰からでもその身分を覆すことができます。

61 ★ 親子関係
特別養子と普通養子の比較

RANK ★★

	特別養子	普通養子
成　立	家裁の審判	当事者の合意による届出
請求権者	養親となる者	
家裁の許可	家裁の審判によるので、別途、許可は不要	原則：不要 例外： ①後見人が被後見人を養子とする場合（794条） ②自己または配偶者の直系卑属以外の未成年者を養子とする場合（798条）
養子の要件	原則：縁組請求時に15歳未満 例外：特別養子縁組成立時に18歳未満※	・養親より年長でないこと ・養親の尊属でないこと
養親の要件	原則：25歳以上で、配偶者のある者 例外：配偶者とともに養親となる場合において、夫婦の一方が25歳未満であっても、その者が20歳以上であればよい	成年に達した者 （独身者でもよい）

※15歳未満の者で15歳に達する前から引き続き監護されている者で、15歳に達するまでに請求がなされなかったことについてやむを得ない事由があること

ポイント！

まずは、普通養子をしっかりと覚えてください。

特別養子はやや細かいところですが、普通養子をしっかり押さえた後であれば、覚えやすいと思います。

① ／ ② ／

62 ★ 親子関係 親　権

RANK ★★★

実子	嫡出子	1　父母が婚姻中の場合	
実子	嫡出子	原則	父母の共同親権（818条3項本文）
実子	嫡出子	例外	父母の一方が親権を行うことができないときは、他の一方の単独親権（同項ただし書）
実子	嫡出子	参考	親権を行う者がいないとき、または親権を行う者が管理権を有しないときは、後見が開始する（838条1号）
実子	嫡出子	2　父母が離婚した場合	
実子	嫡出子	協議上の離婚	親権者を協議で定める（819条1項）
実子	嫡出子	裁判上の離婚	親権者を裁判所が定める（同条2項）
実子	嫡出子	子の出生前に離婚	母が親権者であるが、子の出生後に父母の協議または家庭裁判所の審判により、父を親権者とすることができる（同条3項、同条5項）
実子	非嫡出子	原則	母の単独親権
実子	非嫡出子	例外	父が認知した子について、父母の協議または家庭裁判所の審判により、父を親権者とすることができる（同条4項、同条5項）
養子		原則	養親が親権者（818条2項）
養子		例外	養父母双方と離縁→実親の親権が復活する（通説）
養子		例外	養親の一方が死亡した後、生存養親と離縁→後見が開始する（通説）
養子		例外	養父母双方の死亡→後見が開始する（通説）

ポイント！

成年に達しない子は、父母の親権に服します（818条）。

定　義	利益相反行為とは親権者のために利益であり、未成年の子のために不利益な行為、または、親権に服する子の一方のために利益であり他方のために不利益な行為をいう
判断基準	行為自体の外形から決すべきであって、親権者の意図や当該行為の実質的効果等によって判断すべきではない
違反行為の効果	親権者と子の利益相反行為につき法定代理人としてなした行為は、無権代理行為となり、子が成年に達した後、その追認がなければ本人に効力は及ばない
利益相反取引の類型	**(1)利益相反取引となる場合** ①子を親権者の借財の連帯債務者や保証人とする契約 ②親権者が、長男の相続だけを承認して、他の子の相続を放棄する場合 **(2)利益相反取引とならない場合** ①子の名で借財し、子の不動産に抵当権を設定する行為 ②親権者が、自分を含めて全員相続を放棄する場合

ポイント！

　判例は、親権者が権限を濫用して法律行為をした場合において、その行為の相手方が濫用の事実を知りまたは知り得べかりしときは、93条ただし書（当時）の規定を類推適用して、その行為の効果は子には及ばないと解するのが相当である、としています（107条参照）。また、親権者に子を代理する権限を授与した法の趣旨に著しく反すると認められる特段の事情が存しない限り、親権者による代理権の濫用にあたると解することはできないものというべきである、としています。

★ 相続法総説

64 代襲相続

RANK ★★★

第3章 民法

定 義	代襲相続とは、被相続人の死亡以前に、相続人となる子・兄弟姉妹が死亡・欠格・廃除により相続権を失っている場合に、その者の直系卑属（兄弟姉妹の場合はその子に限る）が相続する制度（887条2項、889条2項）をいう
趣 旨	相続権を失った者が相続していたら自らもそれを承継し得たであろうという、直系卑属の期待利益を保護する、公平の原理に基づく制度である
例 外	(1)被代襲者についての要件 　①被代襲者は、被相続人の子及び兄弟姉妹であること 　②代襲原因は、相続開始以前の i 死亡、ii 欠格及び iii 廃除であること (2)代襲者についての要件 　①被代襲者の直系卑属であること 　②被相続人の直系卑属であること 　　→被相続人の子が養子であり、その養子に縁組前の子がある場合、その子は代襲相続できないことになる 　③相続開始前に直系卑属であること 　　→欠格後、養子縁組した場合でも、その後に養親の親が死亡すれば、その養子は代襲相続する 　④被相続人から廃除された者または欠格者でないこと
効 果	①代襲者が被代襲者の相続分を受ける ②数人の代襲相続人相互の相続分は平等（頭割り）（901条、900条4号）

ポイント 🖉

相続人が相続の放棄をした場合、代襲相続はされません。

65 ★ 相続法総説
法定相続分

RANK
★★
★★

相続人	相続分	ポイント
配偶者と子が相続人の場合	配偶者 ：1／2 子 ：1／2	子（養子、胎児を含む）の相続分は、平等
配偶者と直系尊属が相続人の場合	配偶者 ：2／3 直系尊属：1／3	直系尊属の相続分は、平等
配偶者と兄弟姉妹が相続人の場合	配偶者 ：3／4 兄弟姉妹：1／4	①兄弟姉妹の相続分は、平等 ②父母の一方を異にする兄弟姉妹は、双方を同じくする者の1／2

ポイント！ ••••••••••••••••••••••••••••••••••••

　相続とは、ある人が死亡した場合に、その者の権利義務を、一定の身分関係に立つ者が包括的に承継することをいいます（882条〜）。

　相続の開始によって承継される財産的地位の従来の主体を被相続人といい、新たな主体を相続人といいます。

66 ★ 相続法総説
欠格と廃除

RANK
★★★

	相続欠格	推定相続人の廃除
対象	相続人	遺留分を有する推定相続人
対象行為	①故意に被相続人または相続について先順位・同順位者を死亡するに至らせ、または至らせようとしたために刑に処せられた者（過失致死・傷害致死は除かれる） ②被相続人の殺害されたことを知って告発または告訴しなかった者	①被相続人に対する虐待・重大な侮辱 ②推定相続人の著しい非行
手続	不要 （法律上当然に欠格者）	①生前廃除（892条） →被相続人が家庭裁判所に廃除請求 ②遺言廃除（893条） →遺言執行者が家庭裁判所に廃除請求
効果	相続権の喪失	
取消し	できない	廃除の取消請求（理由を問わず・いつでも・遺言でも）

ポイント❗

　相続欠格、廃除の場合にも、代襲相続がされることになります。注意して覚えておきましょう。

67 ★ 相続法総説
単純承認・限定承認・相続放棄

RANK ★★★

	単純承認	限定承認	相続放棄
定 義	相続人が、被相続人の権利義務を全面的に承継することを内容として相続を承認すること（920条）	相続によって得たプラスの財産の限度でのみ被相続人の債務等のマイナス部分を負担するという留保つきで相続の承認をすること（922条）	相続人が、全面的に遺産の承継を拒否すること（938条）
効 果	相続人は、被相続人の権利義務を無限に相続する	相続によって得た財産の限度で被相続人の債務等を弁済する	相続開始の時に遡ってその効力を生じ、放棄した者は、その相続について初めから相続人とならなかったものとみなされる（939条）

ポイント！ ·······························

単純承認については、法定単純承認（921条）も重要です。

限定承認は共同相続人の全員が共同してのみ可能です（923条）。

また、単独若しくは限定承認または相続放棄は、自己のために相続開始があったことを知った時から３か月以内にできます（915条1項本文）。

68 遺言

★ 遺言

RANK ★★

定　　義	遺言とは、遺言者の死亡とともに一定の効果を発生させることを目的とする相手方のない単独行為をいう
趣　　旨	被相続人の自由な最終的意思を確保
法的性質	①要式行為（960条） ②相手方のない単独行為 ③遺言者はいつでも撤回できる（1022条）
遺言能力	①未成年者→満15歳に達した者は単独で遺言ができる（961条） ②成年被後見人→事理を弁識する能力を一時回復したときには、２人以上の医師の立会いを得て、単独で有効な遺言をすることができる（973条） ③被保佐人・被補助人→保佐人・補助人の同意を得なくても、完全に有効である（962条・13条、17条）
方　　式	(1)共同遺言の禁止（975条）→遺言は２人以上の者が同一の証書でなすことができない (2)普通方式 　①自筆証書遺言（968条） 　②公正証書遺言（969条、969条の２） 　③秘密証書遺言（970条、972条） (3)特別方式 　①危急時遺言（976条、979条） 　②隔絶地遺言（977条、978条）

ポイント！ ••

　遺言の効力が発生するのは、原則として、遺言者の死亡の時です（985条１項）。

69 ★ 遺言
遺言—遺贈と死因贈与

	遺　贈	死因贈与
法的性質	相手方のない単独行為	契　約（554条）
方　式	遺言の方式による （960条）	無方式
単独でなし 得る年齢	満15歳 （961条、遺言能力）	満18歳※ （4条、行為能力）
効力発生要件	遺言者の死亡 （985条1項）	贈与者の死亡 （554条・985条）
撤　回	遺言の方式に従って いつでも可（1022条）	原則として、いつでも可 （554条・1022条）
遺留分 侵害額請求	◯ （1046条）	◯ （554条・1046条）
代理の可否	✕	◯
負担付の可否	◯ （1002条）	◯ （551条2項）

※2022年4月までは満20歳

ポイント！ ‥‥‥‥‥‥‥‥‥‥‥‥‥‥‥‥‥‥‥‥‥‥‥‥‥‥‥

　遺贈と死因贈与の違いは重要です。しっかり覚えてください。
　特に代理の可否のところが重要です。

★ 配偶者居住権

70 配偶者居住権と賃借権

RANK ★★

	配偶者居住権	賃借権（賃貸借契約）
内 容	居住建物を、無償で、使用収益できる権利	ある物を、賃料を支払うことで、使用収益できる権利
存続期間	原則：配偶者の終身の間（1030条本文） 例外：別段の定めがあるとき（同条ただし書）	最長50年（604条1項）
対抗力	あ り （1031条2項、605条）	不動産賃貸借につき、あり（605条）
譲渡可能性	譲渡不可（1032条2項）	承諾があれば譲渡可能 （612条1項）
居住建物の所有者・貸主の修繕義務	な し （1033条2項参照）	原則：あり （606条1項本文） 例外：賃借人の帰責事由（同項ただし書）
通常の必要費	配偶者負担（1034条1項）	賃貸人負担（608条1項）
配偶者・借主の死亡	終了（1036条、597条3項）	存 続

ポイント！ ・・・・・・・・・・・・・・・・・・・・・・・・・・・・・・・・・・・・・・・

　配偶者居住権とは、配偶者が、相続開始時に居住していた被相続人所有の建物を対象として、終身または一定期間、無償でその使用及び収益をすることができる法定の権利をいいます。平成30年相続法改正で追加されました。

71

★ 遺留分

遺留分侵害額請求権

RANK

★

定　義	遺留分侵害額請求権とは、被相続人による遺贈・贈与などによって、遺留分に満たない取り分しか得られない場合、受遺者・受贈者などに対し、遺留分侵害額に相当する金銭の支払を請求することができる権利
法　的性　格	①形成権②裁判外で行使し得る
当事者	(1)請求権者　→遺留分権利者とその承継人である（1046条）(2)請求の相手方　→原則として受遺者・受贈者とその包括的承継人である
放　棄	①相続開始前に遺留分を放棄するには家庭裁判所の許可が必要となる（1049条1項）②相続開始後の放棄は、家庭裁判所の許可は不要である（実質的な相続放棄）
時　効	「相続の開始及び遺留分を侵害する贈与または遺贈があったことを知った時から、1年間」で時効消滅する（1048条）

ポイント！

　平成30年の相続法改正により、現物返還を原則とする遺留分減殺請求権から、侵害された遺留分に相当する金額について金銭の支払を請求できる権利へと変更されました。

　この変更により、遺留分を侵害するような内容の相続や遺贈等（例えば、被相続人の全財産を特定の相続人に相続させたり、特定の団体に対して遺贈したりする旨の遺言）がなされたとしても、その効力は維持されることになります。

第 4 章

商法（会社法）

- 株 式
- 機 関
- 設 立
- 持分会社
- 商 法

1 ★ 株式
株主の権利

◎株主の権利の分類

(1)自益権
→会社から経済的な利益を受ける権利 ①剰余金配当請求権 ②残余財産分配請求権 ③株式買取請求権、等
(2)共益権
→会社の経営に参加する権利 ①議決権 ②代表訴訟提起権 ③取締役の違法行為差止請求権、等
(3)単独株主権
→1株の株主でも行使できる権利
(4)少数株主権
→会社の総株主の議決権の一定割合以上の議決権を有する株主等で なければ行使できない権利

※自益権はすべて単独株主権であるが、共益権の中には単独株主権に属するものと少数株主権に属するものとがある

ポイント✓

株主の権利とは、株主が株主たる地位に基づいて有する種々の権利のことをいいます。

株主の権利に関して、「**株主平等の原則**」という重要な原則があります。「**株主平等の原則**」とは、株式会社が株主をその有する株式の内容及び数に応じて平等に取り扱わなければならないという原則です。

2 ★ 株式
株式の内容と種類

RANK ★★

	定　義
譲渡制限株式	譲渡による株式の取得について会社の承認を要する株式
取得請求権付株式	株主が、会社に対してその株式の取得を請求することができる株式
取得条項付株式	会社が、一定の事由が生じたことを条件としてその株式を取得することができる株式
剰余金の配当・残余財産の分配について内容の異なる種類株式	優先株式・劣後株式等
議決権制限種類株式	株主総会において議決権を行使することができる事項について異なる種類株式※1
全部取得条項付種類株式	その種類株式の全部を株主総会の特別決議によって取得することができる種類株式
拒否権付種類株式	株主総会の決議などの他、その種類株主総会の決議があることを必要とする種類株式
取締役・監査役選任に関する種類株式	その種類株主総会において、取締役または監査役を選任する種類株式※2

※1：公開会社では、発行済株式総数の2分の1を超えてはならない
※2：指名委員会等設置会社・公開会社では発行不可

第4章 商 法（会社法）

ポイント！

株式の内容については、発行する全株式が同じ内容である場合の107条、異なる2つ以上の種類株式を発行する場合の108条などを読んでおきましょう。

3 ★ 株式
自己株式—自己株式取得の全体像

RANK
★★★

◎自己株式の法的地位

(1)会社はその保有する自己株式について議決権を有しない
(2)会社はその保有する自己株式について剰余金配当請求権・残余財産分配請求権を有しない

◎自己株式の処分

(1)引受の募集
→会社が、その保有する自己株式を処分する場合には、募集株式の発行等として、新株発行と同じ規律に服する

(2)消　却
→会社は、取締役会設置会社では取締役会の決議により、保有する自己株式を消却することができる

ポイント！ ••

　自己株式とは、株式会社が保有する自己の株式をいいます。保有期間の制限はありません。

　自己株式取得の弊害と、それを回避するための対策を以下の表で理解しましょう。

自己株式取得の弊害	内　　容	弊害を回避するための対策
①会社債権者を害する	株主に対する出資の払戻しになり、会社財産が流出するおそれがある	財源規制（461条）
②株主間の公平を損なう	会社が一部の株主からだけ株式を買い受けたり、一部の株主から市場価額よりも高い価額で買い受けたりすると、株主間に不平等が生じる	特定の株主からの取得には、株主総会の特別決議を要求する（309条2項2号）
③会社支配の公正を害する	自己株式について会社に議決権を認めると、取締役が自己の地位を保全するために利用するおそれがある	自己株式について議決権を認めない（308条2項）
④株式取引の公正を害する	自己株式の売買によって相場が操作されたり、インサイダー取引が行われるおそれがある	金融商品取引法によって規制

★ 株式
4 株式譲渡自由の原則

RANK
★★
★★

◎株式譲渡の制限

(1)法律による制限
①時期による制限（会社に対抗不可） 　→権利株の譲渡制限 　→株券発行前の譲渡制限 ②子会社による親会社株式の取得の制限 　→原則として、子会社はその親会社である株式会社の株式を取得 　　してはならない

(2)定款による制限
①趣旨 　→会社にとって好ましくない者が株主になることを防止するため ②承認機関 　→原則として、取締役会非設置会社では株主総会（普通決議）、 　　取締役会設置会社では取締役会 　　※ただし、定款による別段の定めをすることもできる ③承認がない場合の効力 　→承認機関の承認がない場合、当該株式の譲渡は、会社に対する 　　関係では無効であるが、当事者間では有効（判例）

ポイント！

「株式譲渡自由の原則」とは、株主がその保有する株式を自由に譲渡することができる原則をいいます。その趣旨は、①株主の投下資本の回収（必要性）、②社員の地位の没個性化（許容性）にあります。

　そのため、上記の表のように株式の譲渡が制限されるのは、株式譲渡自由の原則に対する例外という位置づけになります。

★ 機関

5 株主総会

◎株主総会の権限

取締役会非設置会社では
　→法律に規定する事項及び株式会社に関する一切の事項
取締役会設置会社では
　→法律に規定する事項及び定款で定めた事項のみ

◎株主総会の招集

(1)時期
①定時株主総会　②臨時株主総会

(2)招集権者
①原則：
　取締役（取締役会設置会社では取締役会）が招集事項を決定し、
　取締役（取締役会設置会社では代表取締役）が招集
②例外：少数株主による招集

(3)通知
→取締役会設置会社の場合は、株主総会の2週間前まで（非公開会
　社では原則1週間前まで）に株主に対して通知を発しなければな
　らない
→取締役会非設置会社の場合は、株主総会の1週間前まで（定款で
　さらに短縮可）に株主に通知を発しなければならない

(4)手続の省略
→株主全員の同意があるときは、原則として招集手続不要

ポイント

株主総会とは、株主の総意によって会社の意思を決定する必要的
機関をいいます。

第4章　商　法（会社法）

★ 機関

6 取締役

RANK
★★★

資　格	(1)欠格事由 　①法人 　②会社法等により処罰された者等 　　→会社法では、破産者は欠格事由から外されている (2)定款による資格制限 　→公開会社は、取締役が株主でなければならない旨を定款 　　で定めることはできない
権　限	取締役会非設置会社の取締役は、原則として会社の業務を執行し、会社を代表する
員　数	取締役会非設置会社では1人で足りるが、取締役会設置会社では3人以上必要
選　任	株主総会 　→議決権を行使できる株主の議決権の過半数（3分の1まで緩和も可）を有する株主が出席し、出席した株主の議決権の過半数（これを上回る要件も可）による
解　任	累積投票により選任された取締役を除き、株主総会の普通決議事項

ポイント！ ・・・・・・・・・・・・・・・・・・・・・・・・・・・・

　取締役は、取締役会非設置会社では、会社の機関です。これに対して、取締役会設置会社では、業務執行の決定機関である取締役会の一構成員です。

7 取締役会
★ 機関

設 置	公開会社、監査役会設置会社、指名委員会等設置会社、監査等委員会設置会社は取締役会を置かなければならない
権 限	(1)会社の業務執行の決定 (2)取締役の職務執行の監督 (3)代表取締役の選定及び解職 (4)重要な業務執行の決定 　→代表取締役に委任することはできない 　　①重要な財産の処分及び譲受け 　　②多額の借財 　　③支配人その他の重要な組織の選任及び解任等
招 集	(1)招集権者 　→原則として、各取締役 　　※ただし、定款または取締役会の決議によって招集権者を指定することもできる 　→株主は、取締役が取締役会の目的の範囲外の行為その他法令・定款に違反する行為をし、またはそのおそれがあるときは取締役会の招集を請求することができる（監査役設置会社、指名委員会等設置会社、監査等委員会設置会社を除く） 　→監査役も必要があると認めるときは、取締役会の招集を請求することができる (2)招集手続 　→会日より1週間前まで（定款による短縮も可）に各取締役及び監査役に対して通知（書面でも口頭でもよい）を発送しなければならない (3)招集手続の省略 　→取締役・監査役全員の同意があるときは、招集手続不要

第4章 商 法（会社法）

決　議	原則として、議決に加わることができる取締役の過半数が出席し、その取締役の過半数をもって行う →定款でこれを上回る割合を定めることはできるが、この要件を緩和することはできない

ポイント！ ・・

　取締役会とは、取締役全員で構成し、その会議により業務執行に関する会社の意思決定をするとともに、取締役の職務執行を監督する機関をいいます。公開会社、監査役会設置会社、指名委員会等設置会社、監査等委員会設置会社は取締役会を置かなければなりません。

　業務執行の決定を代表取締役に委任することはできますが、慎重な意思決定確保のため、重要な業務執行の決定については、委任することができません（362条4項）。

8
★ 機関
株主総会と取締役会との比較

RANK ★★★

公開会社である取締役会設置会社における		株主総会	取締役会
招集通知	発する時期	2週間前	1週間前
	方　法	書面または電磁的方法	制限なし（口頭可）
	議題の記載・記録	必　要	不　要
招集場所の法定		な　し	な　し
招集手続の省略の可否		原則：可　能	可　能
株主による招集請求、及び招集の可否		可　能	不　可※1
議決権	数の基準	原則：1株1議決権	1人1議決権
	代理行使の可否	可　能	不　可
	不統一行使の可否	原則：可　能	不　可
	書面又は電磁的方法による行使の可否	可　能	不　可※2
	特別利害関係者	原則：行使できる	議決から排除
決議の省略の可否		可　能	可　能
報告の省略の可否		可　能	可　能
議事録の作成の要否		必　要	必　要
検査役制度の有無		あ　り	な　し
決議の瑕疵の処理		決議取消し、無効確認、不存在確認の訴え	一般原則による

※1：公開会社は監査役、監査委員会または監査等委員会を設置しているため
※2：ただし、定款の定めにより全員が書面等で決議事項に同意した場合は可

第4章　商　法（会社法）

株主総会と取締役会の違いに着目して押さえましょう。

★ 機関

9 監査役

RANK
★★
★★

設　置	①指名委員会等設置会社、監査等委員会設置会社以外の取締役会設置会社は、原則として監査役を置かなければならない ②指名委員会等設置会社、監査等委員会設置会社以外の会計監査人設置会社は、監査役を置かなければならない
資　格	取締役と同様 ※その会社及び子会社の取締役・支配人その他の使用人、または子会社の会計参与・執行役を兼ねることができない
員　数	1人でも数人でもよい。ただし、監査役会設置会社では3人以上で、かつ半数以上は社外監査役でなければならない
権　限	(1)業務監査・会計監査 　→非公開会社（監査役会設置会社または会計監査人設置会社を除く）は、定款で、監査役の監査権限の範囲を会計監査に限定することができる (2)監査報告の作成 (3)会社及び子会社の業務・財産状況の調査権 (4)取締役の行為の差止請求（会社に著しい損害） (5)費用等の請求
義　務	(1)取締役・株主総会への報告義務 (2)取締役会への出席義務
選　任	株主総会 　→議決権を行使できる株主の議決権の過半数（3分の1まで緩和も可）を有する株主が出席し、出席した株主の議決権の過半数（これを上回る要件も可）による

任　期	原則として、選任後4年以内に終了する事業年度のうち最終のものに関する定時総会の終結時まで →非公開会社については、定款で定めれば、任期を10年まで伸長することができる
責　任	任務懈怠責任
解　任	監査役の解任は、株主総会の特別決議事項

ポイント！ ....

　監査役とは、取締役（会計参与設置会社では会計参与を含みます）の職務の執行を監査する機関をいいます。他に、監査役会という機関もあります。

　監査役会とは、すべての監査役で組織され（390条1項）、監査の方針や監査役の職務執行に関する事項の決定等を行う機関です。

　監査役を集合体として結束させ、経営陣に対する発言力の強化を図るとともに、監査役の役割分担を容易にし、情報の共有を可能にすることにより、組織的・効率的な監査を可能にすることを目的としています。

★ 機関

10 役員等の会社に対する責任

RANK ★★★

一般的責任	任務懈怠に基づく損害賠償（善管注意義務・忠実義務違反）
個別的責任	(1)剰余金の配当等に対する責任（過失責任） 　→会社に対して、金銭等の交付を受けた者が、受領した金銭等の帳簿価格に相当する金銭を支払う義務を負う (2)株主権の行使に関する利益供与（過失責任。利益供与した者は無過失責任） 　→会社に対して、連帯して、供与した利益の価額に相当する額を支払う義務を負う (3)取締役の競業取引 　→当該取引によって取締役等が得た利益は、会社の損害の額と推定される（損害額の推定） (4)利益相反取引 　→自己のために利益相反取引の直接取引をした取締役等の責任は無過失責任（責任の一部免除の対象外）
責任の免除	(1)責任の全部免除 　→総株主（議決権を有しない株主も含む）の同意があれば、以下の①～③を免除することができる 　　①任務懈怠 　　②剰余金の配当等に対する責任（ただし、分配可能額まで） 　　③株主権の行使に関する利益供与に対する責任 (2)責任の一部免除 　→①株主総会の特別決議による免除 　　②定款の定めに基づく取締役・取締役会の決定 　　③非業務執行取締役等の責任限定契約

ポイント！ ・・・

　役員等の会社に対する責任とは、取締役、会計参与、監査役、執行役または会計監査人が任務懈怠によって会社に損害を与えた場合に、会社に対して負う責任をいいます。

　役員等の会社に対する責任はとても重要です。テキストと条文を読み理解した後、本書で整理してください。

第4章　商　法（会社法）

★ 設立
11 変態設立事項

RANK
★★

◎変態設立事項

> (1)現物出資
> →現物出資とは、金銭以外の財産をもって出資することをいう
> →現物出資をすることができる者は発起人に限られる
>
> (2)財産引受
> →財産引受とは、会社のために会社の成立を条件として特定の財産を譲り受ける旨の契約をいう
> →定款に記載または記録のない財産引受は絶対無効であり、会社成立後に、株主総会の特別決議で追認しても、追認の効果は生じない（判例）
>
> (3)発起人の報酬その他特別利益
> →発起人が受ける報酬とは、設立事務の執行の対価として発起人に支払われる報酬をいう
>
> (4)設立費用
> →設立費用とは、発起人が会社設立のために支出した費用をいう
> →設立事務所の賃借料、株式の募集広告費、株式申込証用紙の印刷費等

ポイント！ ･････････････････････････････････

　変態設立事項とは、会社法28条に列挙されている相対的記載事項をいいます。

　変態設立事項とされているものは、会社財産の基盤を危うくするおそれが高いため、定款に記載し、また、原則として、検査役の検査を受けなければならないとされています。

　変態設立事項については、現物出資と財産引受を中心に覚えましょう。

12 ★ 設立
発起設立と募集設立の比較

RANK ★★

◎発起設立と募集設立の比較①

発起設立の場合	募集設立の場合
発起人は、株式会社の設立に際して①～③に掲げる事項(定款に定めがある事項を除く)を定めようとするときは、発起人全員の同意がなければならない ①発起人が割当を受ける設立時発行株式の数 ②①の設立時発行株式と引換えに払い込む金銭の額 ③成立後の株式会社の資本金及び資本準備金の額に関する事項	発起人は、左欄の①～③の他に、その都度、設立時募集株式について、発起人全員の同意により、④～⑦に掲げる事項を定めなければならない ※払込金額その他の募集の条件は、当該募集ごとに均等に定めなければならない ④設立時募集株式の数 ⑤設立時募集株式の払込金額 ⑥設立時募集株式と引換えにする金銭の払込みの期日またはその期間 ⑦一定の日までに設立の登記がされない場合において、設立時募集株式の引受の取消しをすることができることとするときは、その旨及びその一定の日

第4章 商 法(会社法)

◎発起設立と募集設立の比較②

		発起設立	募集設立
定款の作成・認証		発起人が作成・公証人の認証	
設立時発行株式の事項		発起人全員の同意により、設立時発行株式に関する事項を決定する	
設立時株式	引受人	各発起人は1株以上を引き受けることを要する	
設立時株式	引受人	発起人が全部引き受ける	他に株式引受人を募集する
設立時株式	募集手続	な し	①発起人が引受の申込みをしようとする者に対し、募集に関する事項を通知する ②申込みをする者が発起人に対し、申込みに関する事項を記載した書面の交付等をする
設立時株式	創立総会	な し	あ り
設立時役員等	選任	発起人の議決権の過半数	創立総会の決議
設立時役員等	解任	発起人の議決権の過半数 ただし、設立時監査役の解任は、3分の2以上の多数決	創立総会の決議
設立時役員等	設立時代表取締役の選定・解職	設立時取締役の過半数 ※設立する会社が取締役会設置会社である場合には、設立時代表取締役の選定が必要である	
法人格の取得		本店所在地の設立登記により、株式会社が成立する	

ポイント！ ....

　発起設立と募集設立を比較し、違いに着目して押さえておきましょう。

13 会社の種類

★ 持分会社

RANK ★★

第4章 商法（会社法）

		持分会社			株式会社（公開会社）
		合名会社	合資会社	合同会社	
社員の責任		直接無限責任	直接無限責任 直接有限責任	間接有限責任	間接有限責任
設立時の出資の確保	出資の目的	労務や信用も可	労務や信用も可 金銭等	金銭等	金銭または現物出資
	時期	制限なし		設立時における現実の履行	
	調査	なし			現物出資につき、検査役の調査
法的機構	所有と経営の関係	出資者としての地位と経営者としての地位が一致する			出資者としての地位と経営者としての地位は一致しない
	業務執行者	原則として各社員			代表取締役 業務執行取締役
社員の投下資本の回収	払戻し	出資の払戻し、退社に伴う持分の払戻しが認められる			払戻しを伴う退社制度なし
		債権者保護手続なし		債権者保護手続あり	
	譲渡	持分譲渡には、原則として他の社員全員の承諾が必要			原則として、株式の譲渡は自由

会社債権者保護の態様	会社財産の状況の開示	計算書類の作成	①計算書類の作成 ②債権者の閲覧等の請求	①計算書類の作成 ②債権者の閲覧等の請求 ③貸借対照表等の公告
	会社財産の流失防止策	な　し	財源規制	①出資の払戻しの禁止 ②財源規制

ポイント！ ....

　持分会社は、株式会社と異なり、社員間に人的信頼関係があり、また、社員が経営について能力と意欲を有することを前提としています。

14 ★ 商法
商　号

定　義	商号とは、商人・会社が、営業上、自己を表すために用いる名称をいう
原　則	商号選定自由の原則 →原則として、商号は自由に選定することができる
例　外	(1)会社企業の商号に関する制限 　→会社は、その商号中に、会社の種類に応じて、株式会社、合名会社、合資会社または合同会社という文字を用いなければならない (2)個人企業の商号に関する制限 　→会社でないものは、その名称または商号中に会社であると誤認されるおそれのある文字を用いてはならない (3)営業主体を誤認させる商号の使用禁止 　→不正の目的をもって、他人の商人または他の会社であると誤認されるおそれのある名称または商号を使用してはならない (4)商号単一の原則 　①会社企業の場合 　　→会社の商号は1つに限られる 　②個人商人の場合 　　→同一の営業については、商号は1つに限られる

第4章　商　法（会社法）

ポイント

商号については、名板貸人の責任も重要です。

商法14条と会社法9条を読んでおきましょう。

15 ★商法 支配人

選 任	(1)株式会社 　→取締役会非設置会社では取締役の過半数により選任する 　→取締役会設置会社では取締役会の決議により選任する (2)持分会社 　→社員の過半数により決定する
権 限	(1)包括的代理権 　→その営業に関する一切の裁判上または裁判外の行為をなす包括的代理権を有する 　→支配人の代理権に加えた制限は、善意の第三者に対抗することができない (2)費用前払請求権・費用償還請求権 (3)報酬請求権など
義 務	(1)雇用契約に基づく義務 (2)競業避止義務 　→商人または会社の許諾なしに、自己または第三者のために、商人または会社の営業または事業の部類に属する取引をすることができない (3)精力分散防止義務 　→商人または会社の許諾なしに、自ら営業をなすこと、他の会社の取締役、執行役又は業務執行社員、他の会社または商人の使用人になることができない

ポイント！ ....

　支配人とは、営業主または会社に代わって、その営業または事業に関する一切の裁判上または裁判外の行為をなす包括的代理権を与えられた商業使用人をいいます。

さくいん

〔著者紹介〕

伊藤塾（いとうじゅく）

　行政書士、宅建士、司法書士、司法試験など法律科目のある資格試験や公務員試験の合格者を多数輩出している受験指導校。

　1995年5月3日の憲法記念日に、法人名を「株式会社　法学館」として設立。憲法の理念を広めることを目的とし、憲法の心と真髄をあまねく伝えること、また、一人一票を実現し、日本を真の民主主義国家にするための活動を行っている。伊藤塾塾長は、カリスマ講師として名高い伊藤真。

　伊藤塾・行政書士試験科では、きめ細かな個別指導やインターネット講義、サポート制度など、受講者のことを第一に考える指導で、一発合格者や働きながらの合格者なども多数輩出している。さらに、合格後を見据え、「明日の行政書士講座」を開催するなど、真の法律家の育成を目指している。

改訂2版
伊藤塾　1分マスター行政書士
重要用語・重要判例編

2021年7月9日　初版発行
2023年7月5日　再版発行

著者／伊藤塾

発行者／山下　直久

発行／株式会社KADOKAWA
〒102-8177　東京都千代田区富士見2-13-3
電話　0570-002-301（ナビダイヤル）

印刷所／株式会社加藤文明社印刷所